阅读
无障碍本

古典名著犹如世代相传的火种，它点亮了人类的智慧和情感。古典名著阅读无障碍本，是通过我们对古典名著的解读、注音、注释、翻译等，让广大的一般读者在阅读过程中，减少一些学习古代经典的障碍，让其在较短的时间里穿透深邃的历史时空，和古人的心灵相接、相励！

金刚经·心经

彭文 译注

岳麓書社·长沙

图书在版编目(CIP)数据

金刚经;心经/彭文译注. —长沙:岳麓书社,2013.1(2022.10 重印)
ISBN 978-7-5538-0054-7

Ⅰ.①金… Ⅱ.①彭… Ⅲ.①佛经②《金刚经》—译文③《金刚经》—注释④《心经》—译文⑤《心经》—注释 Ⅳ.①B942.1

中国版本图书馆 CIP 数据核字(2013)第 002202 号

JINGANG JING XINJING

金刚经·心经

译 注:彭 文
责任编辑:彭卫才
责任校对:舒 舍
封面设计:吴颖辉

岳麓书社出版发行
地址:湖南省长沙市爱民路 47 号
直销电话:0731-88804152 0731-88885616
邮编:410006

版次:2013 年 1 月第 1 版
印次:2022 年 10 月第 10 次印刷
开本:890mm×1240mm 1/32
印张:6
字数:145 千字
印数:53 001—56 000
ISBN 978-7-5538-0054-7
定价:27.80 元

承印:廊坊市博林印务有限公司

如有印装质量问题,请与本社印务部联系
电话:0731-88884129

目　录

心经

导 读

在当代社会，除了出家众和信仰者，就一般大众层面而言，提起佛教、佛经，认为是神怪、迷信者还大有人在。这与非正信佛教思想的泛滥，民间神道怪诞习俗的相沿，以及“精神鸦片”论说的流播，都不无一定的关系。

佛教创始于印度的释迦牟尼。他被尊之为“佛”（“佛陀”简称），就是“觉者”之意，谓是大彻大悟了的圣者。佛陀在自觉了之后，又用其智慧觉他，教化世间的芸芸众生，离别苦境而自在安乐。奉行“诸恶莫作，众善奉行，自净其意，是诸佛教”，为净化人心和社会奋斗终生。他慈悲为怀，尊重生命，不仅关爱人类，并泽及其他有情界。因此，佛教能够流传数千年，成为世界性的宗教①，信仰者不计其数，决非偶然幸致。

佛教不是有神论者，不赞同宇宙万物为神灵创造，不承认宇宙间有神在主宰一切；相反，它是无神论者。《金刚经》《心经》是大乘佛教的核心经典，其主旨就是揭示“缘起性空”的真谛，认为世间事物都是因缘而起，缘聚缘散，不能永恒。它以开启般若智慧为目的，如实知见一切事物的实相。佛教提倡正信正觉，反对虚伪及迷信。但是，随着时间的流迁，逐渐也有预言、占

①佛教是否属宗教，教内外一直争论未休。现在仍有相当多的人，并不认为佛教属宗教范畴。

卜、禁忌、咒法、民间疗法等民俗信仰的混入。它们不是来源于佛教，也为佛教所不能容。唐代以来，盛行假托弥勒下生说，后来又出现依托佛母、菩萨等教门，乃至形形色色的外道[①]，都是利用佛教在世间的影响力，蒙哄民众，以售其奸。所有这些，我们都不得视为佛教，必须在思想上予以廓清。

佛教主张一切平等，泯灭任何的差别。即使是佛陀与众生（无论男女尊卑上下，被烦恼缠缚，往来生死，共生于世间者），也不例外。并不认为佛陀是尊居九天之上，众生乃匍伏九地之下，判若云泥，相去万里。《阿含经》说，诸佛皆出于人间。佛与众生不二，众生是不曾觉悟的佛，而佛是觉悟了的众生。《五灯会元》说："涅槃平等，故圣凡不二。人心平等，故高低无诤。"佛祖释迦牟尼早在成道之时，就已经认识到了："大地众生，皆有如来（'佛陀'的另一种尊称）智慧德相，但以妄想执著，不能证得。"佛陀说法四十九年，旨在教化众生，自净其心，度离苦海，获取自在。而所谓众生得度，乃是自性自度，并不是佛陀的神力所为。《金刚经》写道："实无有众生如来度者；若有众生如来度者，如来即有我、人、众生、寿者（即对外境存有分别之心，与凡夫没有两样）。"所以，持佛与众生截然两分看法的人，是不曾认识佛教的基本理论。

释迦牟尼住世时，也同众多弟子们一样，过着平凡、平等的生活。《金刚经》开卷便写道："世尊（即"佛陀""如来"的另一尊称）食时，着衣持钵，入舍卫大城乞食。于其城中次第乞

①外道，指佛教以外的一切宗教，与儒家所谓"异端"指称相当。梵语的原义系指神圣而应受尊敬的隐遁者，初为佛教称其他教派之语，称外道经典为"外典"；而佛教自称"内道"，称其经典为"内典"。后世逐渐附加异见、邪说等义，外道遂成为贬称，意谓处在真理以外。

已，还至本处。饭食讫，收衣钵，洗足已，敷座而坐。”① 佛祖的色身也非永恒，也同众生一样，有着生老病死。他诞生在一个尊贵的家庭，八十岁时涅槃于娑罗双树间，其舍利被八国所分配供养。他的一生不是怪力乱神，而是历史上大写着的人。

佛陀给后人留下了丰富的遗产，这就是他的思想，他的经典，也即佛教所称的“法身如来”。佛陀在经籍里谆谆教导众生，一切唯教旨经义为重，而不主张信众视之为神灵。《金刚经》反复说到，“若善男子善女人，于此经中，乃至受持四句偈等，为他人说”，则所得福德无量无边。并说：“若以色见我，以音声求我，是人行邪道，不能见如来。”有些人以为烧香拜佛，可以延寿、发财、保平安，而不是遵奉遗教，自净其意，那是缘木求鱼，有违佛陀本来的教诲②。

佛教传入中国已然两千多年，与本土文化长期相互碰撞，又有过三次重大的灭佛行动，有过太平天国急风暴雨般摧残，有过“文化大革命”雷霆式的扫荡，但是它始终不曾被消灭、被遗忘。它的顽强而坚韧的生命力，自证了其存世的重大价值。在我国历史上，不仅是编户小民，乃至帝王将相，服膺其教者不在少数③。甚至历朝历代的文化精英，心怀兼济天下的仁人志士，即使心中

---

①现今中国南传佛教地区乞食传统仍有保留，汉传佛教地区则不再沿门托钵。寺院中种种特权现象也多有存在，乃是封建制度及其思想留下的烙印，不能视作佛陀开创的平等传统。《百丈清规》（原本久已失传，现存的是伪本）里，规定有“普请劳作制”，说“凡有作务，一体参加，上下均力”，以至有“一日不作，一日不食”之说，更已成为了一纸空文。

②有些寺庙的宗教活动，主要不是讲经说法，教化人心，而是“与时俱进”，想方设法聚敛财富，乃至高抬门票和法事的要价，偏离佛教已经不知几许了。诚然，也不能一概而论，许多寺庙不收门票费，拒要香灯钱，一切都提倡自觉自愿。僧人戒律谨严，自奉俭朴，诚心修行，不涉世务，从而赢得了广大信众的赞扬和崇敬。

③魏晋南北朝之后，社会上层信仰佛教蔚为风气。顾炎武《日知录·士大夫晚年之学》：“南方士大夫，晚年多好学佛。”

不信仰佛教，也对佛教怀有极大敬意。因为释迦牟尼平等博爱的慈悲精神，普度众生的宏大愿力和胸襟，与儒家的大同思想也是息息相通，为中华民族卓立于世界做出了贡献。今天，作为有文化的一代，了解点佛教知识，阅读些经籍，还是很有必要的。这在我们了解历史文化遗产、步入人生旅途，乃至在了知宇宙本源的认识论上，都不无裨益。

首先，说说佛教与中华历史的关系。

佛教对于中国的贡献和影响，借句佛经里的话说，“不可思议”。可以说，不懂得佛教的思想体系和流传历程，就难以弄明白许多历史事件和文化现象。

从政治上说，佛教的影响往往微妙，难以觉察，这里只举其大者而言之。《金刚经》的翻译者鸠摩罗什，原是龟兹国（新疆疏勒）的高僧，名闻西域，王奉为师。前秦苻坚为了得到他，派遣吕光伐龟兹。吕光获得了他后，班师方至凉州，闻苻坚败，自立而为后凉。后来，后秦姚兴又灭了吕氏，将鸠摩罗什迎入长安。为了一位西域译经僧，前后竟有三国为之覆亡，当时佛教的地位可见其一斑。武则天是中国有名的女皇帝，为了取代李氏的祚位，想方设法乞灵于佛教。唐王朝因与老子同姓，太宗原有“道在佛先”的旨意，她为了抬高佛教，挟高宗下令：“不须分为前后。”并将法门寺佛指舍利，迎请入宫供养达三年之久。禅宗大师神秀被迎入长安后，又向武后推举慧能，使禅宗获得了一个绝佳机遇，南北两宗都得到了蓬勃发展，奠定了禅宗千多年来的领袖地位。中国素来反对“牝鸡司晨”①，女姓不得掌权。武后为了登上帝座，四处寻找理论依据，中土不成，便转向西方，让薛

①《书·牧誓》：“牝鸡无晨，牝鸡之晨，惟家之索。”孔传：“喻妇人知外事。雌代雄鸣则家尽，妇夺夫政则国亡。”

怀义重新翻译《大云经》，因为里边有两位女人为王的事例。至于佛教对民族团结的贡献，其著者，前有唐太宗以文成公主下嫁藏王松赞干布，后有清康熙皇帝在承德建造八大寺庙，怀柔信仰佛教的少数民族，靖边睦邻，都收到了很好的效果。当然，皇帝崇信佛教，或是出于祈福延寿、消弭灾祸的心理，而客观上也起了止恶向善的作用。明代的成祖，清代的雍正，都是历史上著名的例证。东晋僧人道安说："不依国主，法事不立。"历代僧人与政权、政治的依存关系可以概见。当然，僧人在君主移樽就教时，也会不失时机，以其慈悲的心怀、佛教的义理，对君王施加影响，自也不在话下。

从文化上说，佛教更是渗入到本土文化的各个层面。中国文学便受益于佛教匪浅，一部古代文学史，如果没有佛教的影响，便会失其绚烂的色彩不少。中国第一首叙事长诗《孔雀东南飞》的诞生，乃是受到马鸣"佛所行赞"的启发。唐之后，说唱文学如"弹词小说""平话"的出现，明显是以佛教"变文"为其滥觞。而后的明清小说，影响最昭著的莫过于《西游记》，它的主要人物和故事，都出自佛经或佛教的载籍。明清小说篇中以散文叙事，而用"有诗为证"夹上韵文，篇末再以四或八句诗结束，正是套用佛经里"长行"和"偈颂"的模式。清代纪昀、蒲松龄的笔记小说，虽说乃出于依托，有违孔子"不语怪力乱神"说，却是借着佛教的因果论，惩恶扬善，旨高而意远。至于谢灵运、王维、白居易、苏轼等大家的诗歌，佛教思想的熏染痕迹，都是不胜枚举的了。而朱熹等理学家虽然揭起反佛的旗帜，但是思想相通的灵犀一线犹隐约可见，其所谓《语录》竟从形式到名称都取自于禅宗。

语言学也拜佛教所赐多多。六朝为佛教发展的兴旺时期，由于大量佛经的翻译，梵文的拼音"华严字母"也被介绍，中国文

字的“反切”以此因缘会合，为中国有识之士发明出来。其后“四声”“等韵”便相继产生，近体诗和韵律也水到渠成，使唐诗宋词元曲能放出璀璨的奇葩，各占风骚数百年。也由于佛经源源不断的翻译，促使汉语的语词更趋丰富，能更好地为社会交流服务。有人研究，汉语从佛经里新增词语有三万五千多个。翻开一部《金刚经》，就会触目可见，诸如“佛”“比丘”“衣钵”“众生”“如来”“菩萨”“布施”“因缘”“功德”“世界”等，都不为汉语典籍所原有，而是出自佛经的汉译。有些词语虽然是汉语原有，但是增加了新的义项，扩大了使用范围。比如说，“分”，《金刚经》里的“初日分”，指的是一天的时间段，“法会因由分第一”，意为文章的一个段落。“微尘众”“七宝聚”的“众”和“聚”，乃用为名词，表示事物的多数。这些义项，直到现在，都不曾为《汉语大字典》及《汉语大词典》所收入。

至于美术和雕塑艺术，佛教的石雕、石刻及绘画，无论其成就、其大气，都乃文人或民俗作品无法比肩。其中云冈、敦煌、龙门石窟艺术，更为世界各民族所惊叹。

就宗教而言，中国道教属于本土宗教，但是在未接受佛教影响之前，杂乱而无章。魏晋之后，吸纳了佛教的许多长处，有些东西竟是照搬佛教。我们稍稍研究道教的仪轨和经文，就不难发现这一点。“观世音菩萨”，本是佛经里才有的人物，可是道家尊之为“慈航道人”①，供在了他们的三清殿堂。而儒家思想浸润佛教也在在可见，禅宗所谓“马祖建道场，百丈立清规”，《百丈清规》名曰与中国实情结合，实将封建制度和等级思想纳入了其

①即取《心经》“观自在菩萨”名及“行深般若波罗蜜多时，照见五蕴皆空，度一切苦厄”语意。

中，与佛祖平等理念及戒律多有不合，历来受到教内的严厉批评①。

其次，说说佛教对社会的净化作用。

各个民族、各种宗教都有自己的言行标准，以求发展的健全和安定的维系。中华民族数千年尊崇孔子和儒术，仁、义、礼、智、信便成了全社会的道德准则。佛教文化融入了中土文化后，其道德标准也影响到了社会各层面。只是从五四时期的“打倒孔家店”，到“文化大革命”的“横扫一切”，旧的道德标准被粗暴颠覆，而新的又无法建立起来，社会道德才会出现今天如此严重滑坡乃至缺失的现象。即令有人提出了某些行为准则，但在人欲横流的颓唐风气中，竟是显得那么的苍白无力。世界的潮流也不容乐观，战争此起彼伏，生存环境恶化，道德水平下降，人心浮躁不安。据报道，联合国曾邀请各宗教的代表座谈，希望能为社会提供一套合理的道德标准。联合国此举并非无的放矢，因为世界各大宗教的教旨，都主要是立足于“爱”，重视建立人际的良性关系，提倡为他人牺牲奉献的精神。

佛教影响国人的道德修养，首先不能不提及佛祖释迦牟尼。他出身高贵而又能抛妻弃子，出家修道，而后四十九年弘法利生，不遗余力，直至涅槃。自觉觉他，自利利他，尊重生命，慈悲为怀。乃至为了众生的利益，怀有舍身饲虎的精神。他的思想言行，为历史竖立起了一座丰碑；他的人格品德，也为人类作出了一个楷模。在他涅槃之后两千多年，其舍利仍被世界民众争迎

---

①《释门正统》上云：“元和九年，百丈怀海禅师始立天下禅林规式，谓之清规。议者恨其不遵佛制，犹礼乐征伐自诸侯出。”明末高僧莲池、智旭认为律学之不彰、戒行之凌夷，禅门清规应负最大责任。近代弘一指斥说：“伪清规一日存在，佛教亦一日无改良之望也。”台湾的圣严亦说：“今后佛教的重整与复兴，不用再提清规二字，但能恢复戒律的精神，佛教自然就恢复了。”

供养，历史长河中堪与比肩的能有几人？《诗经·小雅·车辇》说：“高山仰止，景行行之。”佛陀就是这样的一位思想家、宗教家，一位光耀古今的历史巨人。

在《金刚经》里，佛陀说到：“如是灭度无量无数无边众生，实无众生得灭度者。何以故？须菩提，若菩萨有我相、人相、众生相、寿者相，即非菩萨。”“‘汝等比丘！知我说法如筏喻者。’法尚应舍，何况非法。”他说得谦逊极了，也亲切极了，使人有如坐春风的感觉。不像历史上某些政治理论家，处处居高临下，摆出一副救世主的脸孔，用虚幻的光环诱惑良善，自己也不能或未能真正的施行。

佛陀为了其徒众能息恶取善，制定了成百条的戒律，防制身心，注重威仪，值得借鉴的东西也有不少①。当然，我们不是佛教徒，不会将了脱生死当成人生目的，无须受到诸多戒条的禁锢。但是，佛教的基本理念，是“诸恶莫作，众善奉行”，将“贪、嗔、痴”视作三毒，认定荣华富贵为虚幻不实；如果人们对此能有清醒的认识，社会风气不就干净了许多？社会不就安定了许多？如果有人在此基础上，能够再上一层楼，不作自了汉，自觉觉他，自利利他，那就更是善莫大焉了。

在《金刚经》里，佛陀反复强调：“不应住色生心，不应住声香味触法生心，应无所住而生其心。”又说：“菩萨所作福德，不应贪著，是故说不受福德。’”这里是在宣说学佛修行，也包含

①诚然，末法时期戒律松弛的现象不为罕见，以致产生“当今佛教界戒律颓废的现象，早已引起许多人的关注与不安”（《中国禅学》）。本来沙弥戒就规定有，尽形寿（一生）“不捉金银钱宝”，现在的出家人蓄私财乃司空见惯，上层生活更形奢靡，与大众脱节。有的寺院乃至“半月半月说”诵戒的佛教仪轨都缺失了，所以“怖心难生，善心难发”，一些与佛陀教诫相背现象便时有所闻。有些寺院大幅度提高门票价格，大额度给导游回扣，诱使他们带团来游，不仅与佛教宗旨相背而驰，并为败坏社会风气推波助澜，遭到一些社会乃至佛教人士的非议。

着深刻的做人道理。当今社会有些人，心里头万千个念头，朝思暮想，都是财色，都是名利，都是贪著，在“不想当元帅的士兵，就不是个好士兵”的论调鼓噪下，人性的丑陋一面一一表露无遗。一些人乃至栽了大跟头，沦为千夫戟指的对象。

佛教有一个重要的伦常理念，即“三世因果论”：你在前世或今生造下的善业或恶业，在后来世必会得到果报。它诚然不合乎唯物论的观点，所以最遭社会的诟病和抨击。但是，事物总是具有着两面性。在近两千年历史中，这种理念对于推动民心的向善和维系社会的安定上，其影响力也不容低估。不说在著名文学作品中屡见不鲜，就连陈毅，也曾写过这样的词句：“善有善报，恶有恶报[①]，不是不报，时候未到，时候一到，全部报销。”我们不敢说他相信佛教的因果论，但是这种理念存在他的意识里，也是不容否认的事实。陈毅犹作如此说，遑论其他一般的民众。今天的社会风气如此不堪乐观，即使舆论高倡“以德治国”，贪腐仍在前仆后继，乃至日甚一日，不可遏止，佛教视“贪、嗔、痴”为毒的癌细胞，侵蚀着全民族健康的肌体。这不就是“文革”的“否定一切”“打倒一切”，所造共业的现世报应吗?“搬起石头砸自己的脚”，所以，即使不如佛教所言，有着三世因果的因袭；因果律还是不依人的意志，暗地里起着无法逆转的作用。

诚然，不是说佛教有了戒律，就可以完全约束其门众了，通统进入了“人天师表”的行列。事实上，各朝各代，不脱尘俗的佛教徒，都是在在多有。正如著名佛教学者黄念祖《〈金刚经〉一滴》所言：“看到来来往往的佛教界知名人物，从他们的言行

①《缨络经·有行无行品》：“又问目连：‘何者是行报耶?’目连白佛言：‘随其缘对，善有善报，恶有恶报。’”

可以看出，世俗的缠绕毫不少于常人，甚至有过之而无不及。妒嫉障碍，勾心斗角，争名好利，排除异己，一样也不少。于是我十分怀疑，这些人久修多少年，为什么一点也不脱尘俗!”更不说《大乘大集地藏十轮经》中佛陀说到的：“若有依我而出家者，犯戒恶行，内怀腐败，自称沙门，如秽蜗螺。实非沙门，自称沙门；实非梵行，自称梵行。恒为种种烦恼所胜，改坏倾覆。”①师傅领进门，修行在个人。一所好学校和众多好老师，并不能保证所有学生都成才。但是，有信仰，有追求，有约束，有监督，毕竟要比肆无忌惮好得多!

人们一般还存在一点误解，以为佛教主张静寂无诤，谦退忍让，缺乏积极进取和反抗精神。诚然，在《金刚经》里，佛陀讲到“忍辱波罗蜜”，忍辱被提到修行的原则高度。并且说到：“如我昔为歌利王割截身体，我于尔时，无我相、无人相、无众生相、无寿者相。”对于横逆，不生嗔恨。但是，在人生的大是大非面前，佛教徒还是敢于抗争的。抗日战争中，许多年青僧人就参加了杀敌队伍。“文化大革命”中，有的僧尼为了信仰，不惜破“杀生”的重戒②。他们的姓名和事迹或不为人所知，但是其精神却垂于后世。

最后，要说说大乘佛教的认识论和逻辑特点。

从印度佛教史来说，大乘佛教是在公元1世纪左右才得以形成，而后北传至中亚、中国、日本、朝鲜等地，从而成为中国地

---

①此经还说：“我终不许诸在家者，以鞭杖捶拷其身，或闭牢狱，或复呵骂。”甚至不许“率尔呵举破戒”的比丘。这就是《水浒》中鲁智深打杀镇关西后，出家作和尚以避罪的依据。《宋书·蛮夷传》载有上诏云：“佛法讹替，沙门混杂，未足扶济鸿教，而专成逋薮。”可见当时的社会犯罪分子，托庇佛门的现象非常严重。现在实行“法律面前人人平等”，出家人与在家众同等对待，取消了这种特别的权利。

②陕西法门寺，有高僧为了保护寺塔地宫，舍身自焚，以阻挡红卫兵的进入。云南有僧尼为了反抗强迫还俗结婚，愤而自杀，不肯有辱毕生的修持。

区佛教的主流[1]。大乘思想虽源于某些早期部派佛教，但是有着许多理论上的创造，如不仅主张人无我，而且主张法无我[2]；强调“上求菩提，下化众生”思想，宣称人人皆具菩提心，可以成佛；斥言声闻（听闻如来声教而得证悟的出家弟子）的希求自度乃不了义，声称菩萨理想远胜于阿罗汉；重视六波罗蜜的修行实践，尤其强调布施的重要性。同时，陀罗尼一类的密咒术也为所吸纳，这就是《心经》终存密咒的原由。因此，大乘佛教思想不仅有着浓厚的宗教性质，而且具有广泛的社会性和实践性的意义。

由于教义的分歧和历史的原因，小乘佛教指斥大乘经典“非佛说”，大乘佛教本是脱胎于小乘佛教，却并不讳言对于小乘思想的不满，乃至颇有微词。《金刚经》里说：

“若乐小法者，著我见、人见、众生见、寿者见，则于此经

---

①俄国舍尔巴茨基《佛教逻辑·逻辑在佛教史上的地位》：“印度佛教史可以分为三个时期。佛教徒自己把三个时期称作‘法轮三转’。”“大致地说，从公元前500年开始的佛教在其诞生地生存的1500年中可以平均分为三阶段，每一阶段持续500年。”

②无我，指事物没有其本体。佛教所谓“我”，泛指己身潜在有一主宰，独立而常存，支配整个个体。无我，分人无我和法无我：人无我，谓人无本体，因业而生；法无我，谓法无本体，因事而立。

《中国大百科全书》“无我”：佛教不承认世间任何事物现象是恒常的实在，认为一切均处在相对待的关系之中。事物的存在并不取决于它自身，而完全是不同因缘的聚合所致，事物的无常特性正是这种因缘性、相待性所决定的。无我包含两方面的含义：（1）并不存在主体之我，无论是精神之我（灵魂），还是生理的或心理的自我都是错觉；（2）任何存在均无自我规定性，均不能是自在的，而是他在的。这叫人无我和法无我。无我说的理论依据在于缘起。一般说来，人无我思想是原始佛教的基本内容，法无我思想是原始佛教的“空”的观念的进一步发展。它对实在观的否定已经不限于寻求宗教解脱的自我主体，而更推广到一切可称为经验存在的范围中去。人无我是从有情主体由色、受、想、行、识五种蕴集成分的短暂性作为论据来证明的；法无我为具大乘见地的主张，它进一步否定了作为五蕴的基本成分自身的实在性。小乘以色蕴为实在，大乘则认为不仅可以经验的四大所成色法，而且地、水、火、风四大自身也不是恒常的，任何事物现象本质空幻，如梦幻泡影，其实有观念完全是虚妄分别才产生的。

不能听受读诵，为人解说。”（《持经功德分第十五》）

“以要言之，是经有不可思议、不可称量、无边功德。如来为发大乘者说，为发最上乘者说。”（《持经功德分第十五》）

明显有着对小乘轻视的意向。相反，《金刚经》却以大量的篇幅，赞颂大乘思想及其经典，显示扬此抑彼的内在意图：

“一切诸佛，及诸佛阿耨多罗三藐三菩提法，皆从此经出。”（《金刚经·依法出生分第八》）

“若有善男子、善女人，初日分，以恒河沙等身布施；中日分，复以恒河沙等身布施；后日分，亦以恒河沙等身布施。如是无量百千万亿劫以身布施。若复有人闻此经典，信心不逆，其福胜彼，何况书写、受持、读诵，为人解说。”（《金刚经·持经功德分第十五》）

大乘佛教的基本思想，即“缘起性空”（或称“缘生性空”）说①，它反映了佛教的宇宙观和认识论②。缘起，是谓万事万物都是依缘而生：因缘生，因缘灭；此生故彼生，此灭故彼灭。性空，是谓一切存在之物中，都无自体、实体、我（自身规定性）等。空不是虚无，不是没有，而是指事物之虚幻不实。依缘生起，只是暂时，迁流变异，终归于空。空是世间一切存在的真相

---

①缘起理论，早在原始佛教时期就已产生，《杂阿含经》上将此表述为“此有故彼有，此生故彼生”。佛陀在成道后首转法轮时，宣说的内容之一便是缘起论。俄国舍尔巴茨基《佛教逻辑·佛教哲学的第一阶段》说：“相依缘起的理论是早期佛教的第三个特点。”而性空思想在原始佛教便已存在，但对它进行高度抽象化的思辨性描述，则是大乘佛教时期的《般若经》。早期佛教同意“人空”观，此时进而提出“法空”观。《佛教逻辑·佛教哲学的第二阶段》说：“新佛学引人注目的特点是：它否定了以前的佛教所认可的诸元素之真实性。”“佛教特有的相依缘起论，即法与法相互依持而不是由一法而出它法的理论，不但在新佛学中保留下来，而且更被宣布为佛教大厦的基石。”

②台湾圣严法师《正信的佛教》“唯识就是唯心吗”一节中说：“佛教的基本原则，是缘生论。”

（实相），宇宙间大至世界，小至蝼蚁，莫不在缘起性空、性空缘起中生生不息。这一思想，正是《心经》开始所说："五蕴皆空"，《金刚经》最末所言："一切有为法，如梦幻泡影，如露亦如电，应作如是观。"

佛教否定人有灵魂的存在，有自我实体的存在，求其究竟相，毕竟不可得。人是从哪里来的？由地、水、风、火四大因缘会合，色、受、想、行、识皆依缘形成，直至缘散，心身俱泯，其生命历程全在有为法规律的支配之中。佛教既然认为，一切是本空而幻有，又何必执著为实？于是劝导世人，依般若波罗蜜多修行，以求获取阿耨多罗三藐三菩提，究竟涅槃，得大自在。这种理念，不失为一个济世的良方，但是不能得到世人的普遍接受。

即使如此，佛教所提供的缘起性空认识论，还是引起了众多有心人的沉思。科学家爱因斯坦说道："物质是由于人类的错觉。"又说，"宇宙中的存在只有场。"2010 年，中国科学家们又成功地进行了量子态传输实验①。所有这些，似乎都在证实佛教的空观，是一种很有前瞻性的理论。至于宇宙的形成与消亡原因，缘起说是否能提供有价值的认识，还有待科学家们的深入探索、证实。而佛教的"三千大千世界"说，为近世喧腾的"外星人"论，提供了理论佐证，更能引起担心地球命运人们的丰富遐想。

六百部的《般若经》浓缩为五千字的《金刚经》，五千字的《金刚经》又浓缩为二百六十字的《心经》。所以，这两本经就代表着如来一代时教的精华，宣说了一种彻底解放心灵奴役的大智

①潘建伟、彭承志等《量子态隐形传输》，发表于英国 2010 年 6 月 1 日《自然》杂志子刊《自然·光子学》，多国科学杂志网站转载。量子态传输被国家评为十大科学进展成就奖。

慧。后来人对于《心经》和《金刚经》推崇备至，不仅有历代的佛教信众，而且还有大量的知识分子。南怀瑾《〈金刚经〉说什么》评价说："《金刚经》是佛经典中很特殊的一部，他最伟大之处，是超越了一切宗教性，但也包含了一切宗教性。"乃至于毛泽东也说："《金刚经》与《六祖坛经》二书，虽系唯心论哲学，但其中有微妙的逻辑道理，不可不读。"①

《金刚经》通篇是讨论"空"的思想，但是全文却未曾出现一个"空"字，这也显示出它的写作特色和文字魅力。至于《金刚经》的逻辑论证，独辟蹊径，自开生面，为前所未有。

"庄严佛土者，即非庄严，是名庄严。"（《庄严净土分第十》

"佛说般若波罗蜜，即非般若波罗蜜，是名般若波罗蜜。"（《如法受持分》第十三）

"凡夫者，如来说即非凡夫，是名凡夫。"（《化无所化分第二十五》）

第一句举出某一事物，或某种概念和现象；第二句即对其真实性予以否定；第三句则再否定第二句，却又是对第一句的肯定。这种"肯定——否定——否定之否定"的三段论式，在全经里有数十处之多。它既反映了般若学的一个重要特征，在人类认识史上也有非常重要的意义。自大乘佛教而言，凡所有相，皆是虚妄。只有实相，才是世界的真实，事物的本来面目。人们思想认识中的对象，都属心的主观构想，其实背离了客观实际。而以般若观照其实相，则对此名相取不住、不执、不取态度。但是也

①毛泽东言论，转引自印顺《金刚般若波罗蜜经》序。佛教是"唯心论"之说，佛教界有不同看法。台湾圣严法师《正信的佛教》自序说："佛教在世界性的各大宗教思想之中，显得非常特殊。凡是宗教，无不信仰神的创造及神的主宰，佛教却是彻底的无神论者；唯物思想是无神论的，佛教却又与唯物论的观点不同。"又在《唯识就是唯心吗》一节中说："唯识论虽以精神为主，但不否定物质，也不否定客观的现象。"

不持断灭的观点，空、有对立而又统一。即《心经》所谓：“色不异空，空不异色；色即是空，空即是色。”实相无相，不实也不虚。《金刚经》说：“凡所有相，皆是虚妄；若见诸相非相，则见如来。”所谓“如来”“涅槃”“实相”等，就是不同场合同一概念的别名。这种三段论式（事物现象——非为本体——乃是假名），随立随扫，就是斩绝一切相的金刚宝剑，观照实相般若学的辩证方法。

以上书证说明，自如来心法观照，没有什么“庄严佛土”这回现象，没有“般若波罗蜜”这一法门，和永恒不变“凡夫”这类人，这些都不是事物的实相，只是为了方便理解，才随顺立此假名。发菩提心求佛慧者，不应住于这些虚幻的外相上。一如《中论》所说：“因缘所生法，我（佛陀自谓）说即是空，亦为是假名，亦是中道义。”中道即不偏不倚、不堕两边的真谛，也就是事物的实相。

这次整理和注释的《金刚经》和《心经》，正如明代永乐皇帝朱棣《〈金刚经〉序》所言：“爰自唐宋以来，注释是经者无虑数十百家。虽众说悉加于剖析，而群言莫克于折衷。”这次整理注释，也只能酌取一或数家之言，在语言文字上略加梳理，方便一般读者的阅读。大多是陈言相因，文字上有所取舍，或是略予订正。不敢说是读经的心得，更不敢说为讲经说法。因为佛陀自己说过：“若人言：‘如来有所说法。’即为谤佛，不能解我所说故。”一个未能间窥佛学堂奥者，更不敢言解读佛陀所说，去佛头着粪、谤佛而造下心口意业了。由于佛经的赜深玄奥，和自己读书的囫囵吞枣，失误疏缺或在所难免，希望读者不吝赐正。

本书是取鸠摩罗什所译《金刚般若波罗蜜经》，及玄奘所译《般若波罗蜜多心经》，进行注释梳通。这两种佛经都极其著名，所以译本不止一种。我们附录了以上二经的另译本，即玄奘所译的《大般若波罗蜜多经卷第五百七十七·第九能断金刚分》和宋代施护译《佛说圣佛母般若波罗蜜多心经》。旨在帮助读者理解经义，并得悉经文的本来面貌。鸠摩罗什译经，重在意义的传达，就译文的“信、达、雅”言，其达、雅可谓为经译的典范，但是信则显然有间。初期西来的译经僧人，大多汉文程度不是很高，需要借助中土知识分子捉刀。正如我国早期的翻译家林纾一样，他译出的西方文学风靡一时，自己却并不认识横行文字。玄奘也是有鉴于此，力主忠实原文，逐字逐句译经，一反鸠摩罗什等之所为。宋时译经三藏施护，在玄奘《心经》译本宏传甚广时，又重新译出新的版本面世。既然说是“奉诏（皇帝命令）译”，当然是朝廷上下认为很有必要，而且从版本到态度都严肃认真。

鸠摩罗什译本，最有名的话是“我相、人相、众生相、寿者相”，共为“四相”；而玄奘译本则据原经作“命者想、士夫想、补特伽罗（即人、众生）想、意生想、摩纳婆（少年）想、作者想、受者想”，共有“七想”。又，《持经功德分第十五》云：“若乐小法者，着我见、人见、众生见、寿者见，则于此经不能听受读诵，为人解说”，混为一种类型人物。而此处它种译本，则分说为两种类型。玄奘译本作：“如是法门，非诸下劣信解有情所能听闻，非诸我见、非诸有情见、非诸命者见、非诸士夫见、非诸补特伽罗见、非诸意生见、非诸摩纳婆见、非诸作者见、非诸受者见所能听闻。”流支译本作：“若乐小法者，则于此经不能受持、读诵、修行，为人解说；若有我见、众生见、人见、寿者见，于此法门能受持、读诵、修行、为人解说者，无有是处。”

施护的《心经》译文也有几点值得注意：一是其开头结尾，一如其他佛经，开始有“如是我闻。一时，世尊在王舍城鹫峰山中，与大苾刍众千二百五十人俱，并诸菩萨摩诃萨众而共围绕”，其末有“佛说此经已，观自在菩萨摩诃萨并诸苾刍，乃至世间天、人、阿修罗、干闼婆等一切大众，闻佛所说，皆大欢喜，信受奉行”字样。二是中云：“世尊从三摩地（禅定）安详而起，赞观自在菩萨摩诃萨言：‘善哉，善哉。善男子，如汝所说，如是，如是。’”说明在佛教原有经典里，观自在菩萨乃是男子，并不同如后世塑作女像。

流行本及所附二种另译，读者细心对照阅读，自可得到更多收获。

彭　文

二〇一〇年初稿

二〇一一年清明节后改就

金刚经

解题

以“如是我闻”开卷的《金刚般若（bōrě）波罗蜜经》（简称《金刚经》），相传乃佛（fó）祖释迦牟尼[①]，于中印度舍卫城南边的给孤独园，为众多常随弟子以及信众宣说般若法，其中主要是与长老须菩提的对话，后来由其十大弟子之一的阿难记诵下来。

释迦牟尼（前623—前543），意为“释迦族的圣人”。他是佛教的创始人，也是人类历史上影响深远的少数思想家之一。被尊之为“释迦牟尼佛”。“佛”[②] 也者，佛教修行最圆满最巅端的果位。它是梵文译音的略称，全称为“佛陀”，为觉悟真理者，即具足自觉、觉他、觉行圆满，如实知见一切法的性相，成就了等正觉的大圣人。

释迦牟尼本名悉达多，姓乔答摩。父亲是印度迦毗罗城净饭王，母名摩诃摩耶。其生年原来说法不一，1996 年 2 月，尼泊尔政府称，由国际专家组成的考古小组发现，释迦牟尼于公元前 623 年生于尼泊尔南部的岚毗尼园，80 岁时入灭。生后七日，母殁，为姨母波阇波提养育，由跋陀罗尼教养。幼年时，即对于人生的种种现象时有思考，或于阎浮树下目睹农人耕作之苦，或见诸兽相食而厌恶生死

①在中国，出家僧尼遵从东晋道安的主张，各舍其俗姓，皆以“释”为氏。又自称谓“释子”，意谓皈依了佛教门庭，继承了如来家业，成为释迦佛的后裔了。

②《说文·人部》：“佛，见不审也。”原是“仿佛”的“佛”。而“佛陀”的“佛”，是来自梵文的译音词，与汉字的原义没有关系，并且读音也作了改变。《后汉纪·明帝纪下》：“浮屠者，佛也。西域天竺有佛道焉。佛者，汉言觉，将悟群生也。”

争斗。又在四门出游途中，看到人的生老病死之相，而萌生出遁世的念头。在他二十九岁那年，结婚生子之后，觉到诸愿皆了，遂乘月夜，令侍者车匿为伴，跨白马犍陟出家。先寻跋伽婆，而闻苦行出离之道；更访阿蓝迦蓝于摩揭陀国王舍城北弥楼山，知僧佉派之法；转而求问郁陀罗仙。历尽艰辛，不曾得到他所希望的大法。后入优娄频罗村苦行林六年，甚至日食一麻一米，极经苦修，形容瘦削。继而认为苦行并不是解脱涅槃之道，于是浴于尼连禅河，去尽身垢，并接受牧女捧献的乳糜。坐正觉山菩提树下，明誓道："我不成正觉，誓不起此坐！"思维七七四十九日，最终悟得了宇宙人生是自缘起而有，万法皆由因缘和合共依存的真理，成就了了无上正等正觉。并在成道时说道："奇哉，奇哉！大地众生，皆有如来智慧德相，但以妄想执著，不能证得。"时年三十五。此后四十余年，走遍了恒河两岸，说法化导众生。佛陀的信徒，从国王、后妃到贫民、乞丐，遍布于社会的各个阶层，体现了他的慈悲平等的博大胸怀。八十岁时，方在拘尸城外娑罗双树间涅槃。火化后的舍利，为摩揭陀的阿阇世王等八国君主分别造塔供养。

佛教按照一般说法，有大乘和小乘两大法门。所谓"乘"（念shèng），本指作为运载工具的车子；佛教喻指佛教教法，教化和乘载（故亦可念chéng）行人度离苦海，涅槃解脱。有的修行者，只求自身得解脱，不再来救度他人，便称为小乘；小乘所企望的果位是阿罗汉。有的修行者，自己解脱了生死，还来下化众生，则称为大乘；大乘的最高追求是获得佛慧，亲证佛果。因为修持对象和欲达目的不同，说法的内容和境界便有所差别。

般若（佛慧，见下解）经典是大乘佛教的核心，而《金刚经》又是般若法门的精要，所以《金刚经》在佛教经籍中，享有无与伦比的崇高地位。般若素被称作"诸佛之母"，"一切诸佛，及诸佛阿耨多罗三藐三菩提法，皆从此经（即《金刚经》）出"（《金刚经·

依法出生分第八》)。它蕴含了佛教对宇宙人生的认识，以及对佛法修行方法的导引。佛陀住世说法四十九年，就有二十二年演说般若玄义，广开法席百余会。般若系统部类的卷帙繁多，唐高僧玄奘译出的《大般若经》多达六百卷，《金刚经》只是其中的一分（第九会“能断金刚分”)，也是千百年来翻译最多、讨论最久、注疏最丰、影响最远的一种经典著作。南怀瑾《〈金刚经〉说什么》评价说：“《金刚经》是佛经典中很特殊的一部，他最伟大之处，是超越了一切宗教性，但也包含了一切宗教性。”

“金刚”，是世间最为坚硬的一种矿物质，黄念祖《〈金刚经〉一滴》认为：“金刚即印度的金刚石（即钻石)。”它具有坚固、光明、锐利的特性。这是容易被人了解的事物及其特性，用作比喻，说明人所不容易认识的般若体（本体)、相（象状)、用（作用)：般若之体坚固不坏，永劫常住；般若之相光明遍照，无所障碍；般若之用锐利无比，能断一切烦恼。僊游翁集英注：“此言金刚，乃若刀剑之有钢铁耳。譬如智慧，能断绝贪嗔痴一切颠倒之见。”① 智颤《金刚般若经疏》云：“般若幽玄，微妙难测，假斯譬况，以显深法。”②

“般若”是梵语的译音，其义为“智慧”。佛教认为，般若不是一般的智慧，而是最高无上的智慧，是“大智慧”“妙智慧”。不是凡俗所能，而是贤圣方有，乃为佛智、圣智。《智度论》四十三云：“‘般若’者，秦言‘智慧’。一切诸智慧中，最为第一，无上无比无等，更无胜者。”慧能《六祖坛经》说：“般若无形相，智慧心即是。若作如是解，是名般若智。”陈雄注：“波罗蜜有六，或‘布施’，或‘持戒’，或‘忍辱’，或‘精进’，或‘禅定’，各占六度

---

①本文注释如果引自《金刚经》五十三家注解本，则用“某某注”。

②本文若用“云”“说”者，则非采自《金刚经》五十三家注解本，而是另外来源。

之一；唯一‘般若’，能生八万四千智慧，则六度兼该，万行俱备。”六度之中，般若极为重要，有了般若才能共同成为波罗蜜。当然，修行者获得此种智慧各有等差，所以产生贤圣不等的区别。

佛教常将般若分为三种：文字般若，观照般若和实相般若。文字般若，是指以文字记载的佛教经典，以及陀罗尼咒等。观照般若，指能观照到一切法真实绝对的空相，行起解绝，一切法空。实相般若，即以般若智慧达于真实绝对的境地，见知诸法实性，不增不减，不垢不净，不生不灭。黄念祖《〈金刚经〉一滴》说：“粗浅说来，人们所看的大乘经论，以及所听的同类言论，这都属于文字般若。从文字般若的启发使人体会了佛法的深意，成为自己思想的定盘星，来看待身心内外一切事物，而更主要是返照自身自心的本源，就称为观照般若。在观照般若之中，一旦突然了达契悟自己的本来，识自本心，见自本性，就证入实相般若。实相般若是般若的本体。实相就无相无不相。无相者：没有青黄赤白，长短大小，任何形象；不是有相，不是空相，不是非有非无，也不是亦有亦无，离开了这四句，遍离一切相。为什么又说实相无不相？因为实相虽远离一切幻妄之相，体性不空，遍为一切诸法作相。也即是说遍能显现一切相。”圆瑛《《〈金刚般若波罗蜜经〉讲义》》云：“上述三种般若，不即不离，而三而一。实相般若，能为观照、文字二所依故；观照般若，能观文字所诠之理，而契入实相故；文字般若，能诠实相本体，与观照妙用故。”

在《金刚经》里，三种般若不即不离的现象随处可见，如“佛说般若波罗蜜，即非般若波罗蜜，是名般若波罗蜜”（《如法受持分》第十三）即是。“佛陀说般若波罗蜜”，乃是文字般若。从文字般若起观照般若，照见万法皆空，般若亦空，所以说“即非般若波罗蜜”。般若空时，也就照见到诸法的实相，即实相般若波罗蜜。而“是名般若波罗蜜”，乃其名相，非其实有，但又非不是（本经凡说“即非”，皆是指性而言。凡说“是名”，皆指相而言。凡说“即非”

“是名”之处，既不著有，复不著空。所谓“是名”者，含有名相虽假，又未尝不是之意）。这就是人们常说的“般若”三段论（肯定——否定——否定之否定），在全经里比比皆是，是为般若学的一个重要特征，在人类认识史上也有重要意义。

“波罗蜜”也是梵语译音，即“到达彼岸”的意思。按照佛教的理解，即从生死迷界的此岸，而至涅槃解脱的彼岸。“彼岸”者，是对“此岸”而言：烦恼是此岸，菩提是彼岸；生死是此岸，涅槃是彼岸；凡夫是此岸，诸佛是彼岸。僊游翁集英注：“欲到彼岸，须凭般若。此岸者，乃众生作业受苦、生死轮回之地；彼岸者，谓诸佛菩萨究竟超脱、清净安乐之地。凡夫即此岸，佛道即彼岸。一念恶即此岸，一念善即彼岸。”是谓按照《金刚经》去修持，就能悟证佛法深邃的精髓，成就金刚不坏之本质，脱离欲界、色界、无色界三界而成就妙智慧。也就是说，所有十方法界的众生，如果想要修行成就，臻至佛或菩萨的地位，成就正等正觉，都要经过《金刚经》的真修实证，悟觉之后方能达到。这就是“一切诸佛，及诸佛阿耨多罗三藐三菩提法，皆从此经出”的内在含意。“般若”“波罗蜜”，这种只翻梵音，而不及其义的翻译方法，是玄奘所说五种不翻中的“尊重不翻”。

“经”，梵语音译作“修多罗”，或译作“契经”“正经”“贯经”等，而以“经”为正译。佛家常用贯、摄、常、法四字来解释，贯是全经义理串成一片而不杂乱；摄是能摄持、吸附所有的信众；常是古今不能变易；法是远近共同遵从。佛教典籍，可总括为经、律、论三藏（zàng，佛教经典的总称）。经藏是其中之一，也是三藏的根本，部帙也是最多者。经藏即佛祖释迦牟尼演说的教理，本来称作“法”（音译“达摩”），即“轨则”之意；后世当成教理纲要书籍，而改名称为“经”。中国传统讲“经”，即对思想家典范著作的尊称，比如《十三经》《道德经》之类，诚然佛经也包括在内。

《金刚般若波罗蜜经》，按照佛家的说法，金刚是喻，般若波罗蜜多是法，此经是以法、喻立名。《般若波罗蜜心经》则是以单法立名，而《佛说阿弥陀经》是用单人立名。

本经经文，从“如是我闻”到“果报亦不可思议”为前半，自“尔时须菩提白佛言”至卷终为后半。据历代学者研究，前后经文的语句与文意，有着显著的不同。僧肇谓前半系说众生空，后半则说法空。智颜与吉藏则谓，前半系佛为前会众所说，后半系佛为后会众所说；前半为利根（根性聪慧）所说，后半为钝根（根性迟钝）所说。

本经的翻译者是姚秦三藏法师鸠摩罗什。《金刚经》五十三家注解旧注：“‘译’者，用中国之言，翻改西土之语也。”

“姚秦”，也称“后秦”，东晋时代五胡十六国之一。因是羌族姚氏主政，所以称“姚秦”；以别于苻氏前秦政权，史家或称之为“后秦”。都长安（今陕西西安）。盛时控有今陕西、甘肃、宁夏及山西、河南的一部分。

“三藏法师”，原指精通佛教经、律、论三藏的法师。又作“三藏圣师”“三藏比丘”。印度早已采用这一名称，我国则指通晓三藏，并从事翻译经、律、论的高僧，其中尤以唐代玄奘最为著名，世人就以“唐三藏”尊称之。后世也作为有修持和教养高僧的美称。

“鸠摩罗什”（344—413。一说350—409），东晋时代后秦僧人。祖籍天竺，出生于龟兹国（新疆疏勒）。是我国佛教四大译经家之一。全名“鸠摩罗耆婆什”，其父“鸠摩罗炎”，母名“耆婆”，连父母以为名字。“鸠摩罗什”，意译为“童寿”，谓童年即有耆德。《晋书·艺术志》本传说：“罗什从师受经，日诵千偈。”父亲鸠摩罗炎原为印度国相，后舍相位出家，迁居龟兹国（今新疆库车一带），还俗与国王之妹结婚。罗什出生后，七岁随其母亲出家，九岁又随母去罽宾游学，从著名僧人盘头达多学《杂藏》《中阿含》《长阿含》。十二岁随母回龟兹，遍通小乘经论及世俗文典。后随莎车国大乘名僧须利耶苏摩学《中论》《百论》《十二门论》等，转向大乘中观派。二十岁受戒，从卑摩罗义学《十诵律》。精于《放光》等大乘经论，名闻西域各国。前秦建元十八年（382），吕光破龟兹，获得罗什。二十一年，吕光占据凉州建立后凉国，罗什在凉州羁留了十六年。后秦弘始三年（401），姚兴灭凉，迎接罗什入长安。《隋书·经籍志》云：“时胡僧至长安者数十辈，惟鸠摩罗什才德最优。”后秦待罗什以国师之礼，“奉之若神”（《晋书·艺术志》），让他在逍遥园、草堂寺等处翻译佛经，据南朝梁代僧祐《出三藏记集》统计，共译有三十五部，二百九十四卷（其译经总数各书说法不一，唐代智升《开元释教录》则谓七十四部，三百八十四卷），中有《维摩经》《金刚经》《摩诃般若》《小品般若经》《法华经》《大智度论》《中论》《百论》《十二门论》《成实论》《坐禅三昧经》《禅法要解》等。一时名僧如僧肇、道生、道融、僧睿、昙影、僧导等人都出其门下。

在中国佛教史上，《金刚经》共有六种原译，足见本经受到重视的盛况。其六种译本是：

一、东晋十六国时期后秦鸠摩罗什译《金刚般若波罗蜜经》；

二、南北朝时期北魏菩提留支译《金刚般若波罗蜜经》；

三、陈真谛译《金刚般若波罗蜜经》；

四、隋达摩笈多译《金刚能断般若波罗蜜经》；

五、唐玄奘译，为《大般若波罗蜜多经》之第九会，名“能断金刚分”；摘出单独流通，取名为《能断金刚般若波罗蜜多经》；

六、唐义净译，也名《能断金刚般若波罗蜜多经》。

以上六种译本均传世，《大藏经》里都有收录，而以鸠摩罗什所译《金刚般若波罗蜜经》流传最盛。《金刚经》不若《大般若经》浩瀚，又不似《心经》简单，丰简适中，而阐说般若空慧无有余蕴。鸠摩罗什的译本，语言和文学造诣都很高，所以自古以来，弘传流通甚盛。相传唐代道宣律师问陆玄畅道："什师所译经论，何以迄今受持转盛？"陆答道："此师为七佛以来译经法师，甚得佛意。"又据《出三藏记》《梁高僧传》等书记载，鸠摩罗什临示寂时，在大众前发誓说："自以闇昧，谬充翻译，若所传无谬，当使焚身舌根不坏。"火化后，果如其言。又据《梁高僧传》记载，姚兴以罗什聪明超凡，不希望他绝嗣，而以十女强迫他接受。元魏孝文帝曾至洛阳，遣使寻觅罗什的后人，并委任以官爵。到隋朝政权建立，关中姓鸠摩氏的犹有显者，相传即是罗什的后人。

鸠摩罗什译经，是以"达意"为原则，信笔直译。这也是佛经最早的翻译法，以懂梵文的胡僧与中国文人合作而成。如《四十二章经》，其文字水平显然非胡僧所能达到。如同早期介绍的西洋文学一样，林纾（琴南）并不能识西洋文字，而其"翻译"作品风行一时。唐代玄奘对罗什不以为然，直斥其非，而提倡忠于原典，逐字翻译。玄奘以后，所译佛经便遵从他所立的新规则了。江味农《〈金刚经〉讲义》分析两派优劣时说："译经有两大派。一，即罗什一派。融会全经之义，以汉文体裁达之。故其所译，往往字句章节，不与梵文尽合。而无幽不显，无微不彰。东方人读之，尤为应机，较易领解。盖依义不依文也。即今人所谓意译也。一为玄奘一派，拘守梵文格式，不顺汉文方法。东方人读之，殊为格格，义亦难通。此殆今所谓直译者欤。"

鸠摩罗什所译《金刚经》，传统界分有两种：一是东晋释道安将经分为三分，二是梁昭明太子萧统将经分为三十二分。

道安所分：

初序分（从"如是我闻"至"敷座而坐"）

正宗分（从"时长老须菩提在大众中即从座起"至"应作如是观"）

流通分（从"佛说是经已"至"皆大欢喜信受奉行"）

昭明太子所分：

法会因由分第一（从“如是我闻”至“敷座而坐”）

善现启请分第二（从“时长老须菩提在大众中即从座起”至“愿乐欲闻”）

大乘正宗分第三（从“佛告须菩提诸菩萨摩诃萨应如是降服其心”至“若菩萨有我相人相众生相寿者相即非菩萨”）

妙行无住分第四（从“复次须菩提菩萨于法应无所住”至“菩萨但应如所教住”）

如理实见分第五（从“须菩提于意云何可以身相见如来不”至“若见诸相非相即见如来”）

正信希有分第六（从“须菩提白佛言”至“法尚应舍何况非法”）

无得无说分第七（从“须菩提于意云何如来得阿耨多罗三藐三菩提耶”至“一切贤圣皆以无为法而有差别”）

依法出生分第八（从“须菩提于意云何若人满三千大千世界七宝以用布施”至“所谓佛法者即非佛法”）

一相无相分第九（从“须菩提于意云何须陀洹能作是念”至“是乐阿兰那行”）

庄严净土分第十（从“佛告须菩提于意云何如来昔在然灯佛所于法有所得不”至“佛说非身是名大身”）

无为福胜分第十一（从“须菩提如恒河中所有沙数”至“而此福德胜前福德”）

尊重正教分第十二（从“复次须菩提随说是经乃至四句偈等”至“若是经典所在之处即为有佛若尊重弟子”）

如法受持分第十三（从“尔时须菩提白佛言”至“其福甚多”）

离相寂灭分第十四（从“尔时须菩提闻说是经”至“皆得成就无量无边功德”）

持经功德分第十五（从“须菩提若有善男子善女人初日分以恒河沙等身布施”至“以诸华香而散其处”）

能净业障分第十六（从“复次须菩提若善男子善女人受持读诵此经”至“当知是经义不可思议果报亦不可思议”）

究竟无我分第十七（从“尔时须菩提白佛言”至“若菩萨通达无我法者如来说名真是菩萨”）

一体同观分第十八（从“须菩提于意云何如来有肉眼不”至“过去心不可得现在心不可得未来心不可得”）

法界通化分第十九（从“须菩提于意云何若有人满三千大千世界七宝以用布施”至“如来说得福德多”）

离色离相分第二十（从“须菩提于意云何佛可以具足色身见不”至“是名诸相具足”）

非说所说分第二十一（从“须菩提汝勿谓如来作是念”至“如来说非众生是名众生”）

无法可得分第二十二（从“须菩提白佛言世尊佛得阿耨多罗三藐三菩提”至“是名阿耨多罗三藐三菩提”）

净心行善分第二十三（从“复次须菩提是法平等无有高下”至“如来说即非善法是名善法”）

福智无比分第二十四（从“须菩提若三千大千世界中所有诸须弥山王”至“乃至算数譬喻所不能及”）

化无所化分第二十五（从“须菩提于意云何汝等勿谓如来作是念”至“如来说即非凡夫是名凡夫”）

法身非相分第二十六（从“须菩提于意云何可以三十二相观如来不”至“是人行邪道不能见如来”）

无断无灭分第二十七（从“须菩提汝若作是念如来不以具足相故”至“发阿耨多罗三藐三菩提心者于法不说断灭相”）

不受不贪分第二十八（从“须菩提若菩萨以满恒河沙等世界七宝持用布施”至“是故说不受福德”）

威仪寂净分第二十九（从“须菩提若有人言如来若来若去”至“无所从来亦无所去故名如来”）

一合理相分第三十（从“须菩提若善男子善女人以三千大千世界碎为微尘”至“但凡夫之人贪著其事”）

知见不分分第三十一（从“须菩提若人言佛说我见人见众生见寿者见”至“即非法相是名法相”）

应化非真分第三十二（从“须菩提若有人以满无量阿僧祇世界七宝持用布施”至“皆大欢喜信受奉行”）

三十二品的分法，品目的分类，以及标题，都是出自昭明太子之手，古藏真经并没有如此界分和标题。南怀瑾在《〈金刚经〉说什么》中，盛赞昭明太子“标得的确很好，每一节里的重点，都用标题说明。譬如第一章‘法会因由’，就是说为什么有佛讲《金刚经》这件事。”流传的各种说解《金刚经》本子，有依三分说的，更多的是依三十二分说。我们以下也依三十二分说，分段进行解说和翻译。

法会因由分第一

如是我闻[①]。

一时[②]佛[③]在舍卫国[④]祇树给孤独园[⑤]，与大比丘[⑥]众[⑦]千二百五十人[⑧]俱。

尔时[⑨]，世尊[⑩]食时[⑪]，着衣[⑫]持钵[⑬]，入舍卫大城乞食[⑭]。于其城中次第[⑮]乞已[⑯]，还至本处。饭食讫[⑰]，收衣钵，洗足[⑱]已，敷座而坐[⑲]。

注释

法会因由　《金刚经》五十三家注解解题："说法聚会，由此起因。"此分叙述佛陀宣说般若《金刚经》的缘起，乃由祇树给孤独园法会揭开序幕。从如来穿衣吃饭等日常生活，显示佛教般若的妙趣。赵州从谂（shěn）禅师问南泉普愿禅师："何谓道？"南泉说："平常心是道。"古人又说："原来佛法无多子，只在平常日用中。穿衣吃饭亲认得，千差万别体皆同。"佛陀住世说法四十九年，有二十二年演说般若，广开法席百余会。玄奘所译《大般若经》六百卷，《金刚经》是第九会能断金刚分。"分"，文章章节、段落。

①"如是我闻"，即"我闻如是"之意，为倒装句式。《法法文句》卷一说："'如是'者，举所闻之法体；'我闻'者，能持之人也。"王日休注："'如是我闻'者，如此经之所言，乃我亲闻之于佛也。"古印度佛法原无文字记载，靠师徒之间口耳相传。佛陀说法四十九年，生前并没有形成文字。一切佛经，都是在佛陀涅槃之后，众弟子多次集会，结集而成。阿难是佛陀的十

大弟子之一，素以“多闻第一”著称，佛陀所说各种佛法，都是经他记诵整理而成的，故经首安有“如是我闻”字样。是谓以下这个金刚般若波罗蜜法，是我（阿难）亲自听到佛陀如此这般说的。据《涅槃经》说，佛陀将入涅槃的时候，其常随弟子阿难十分悲痛。无贫尊者便对他说：“汝是持（掌管；守护）佛法人，不可过哀，宜往佛前请问后事（身后之事）。”阿难说：“云何（什么样）后事？”无贫曰：“当问：佛在世时，依佛而住（依止）；佛灭度后，依何而住？佛在之日，依佛为师；佛灭度后，依谁为师？佛在之日，恶性比丘（行为不端的比丘），佛自调伏（调处控制）；佛灭度后，如何调伏？佛所说法，理宜结集，一切经首（开头），当安何语？”阿难承教，就去一一咨问。佛陀答道：“我灭度后，汝等依四念处住（指集中心念于一点，防止杂念妄想生起，以得真理之四种方法：观身不净、观受是苦、观心无常、观法无我）；依戒律为师；恶性比丘，默而摈之（《释氏要览》卷下云：“默摈，谓一切人不与来往言话等。”）；一切经首，当安‘如是我闻。一时，佛在某处，与弟子若干人俱。’”阿难拿“如是我闻”等语作为佛经起首，既是遵从佛陀的临终遗教，也避免了其他弟子的争论和疑惑，而且有别于其他异教的经文。

②“一时”，指佛陀在某时说法的时间段。肇法师注：“一时者，说此般若时也。”《天台观经疏》一云：“今不论长短假实，说此经竟，总谓为一时。”佛陀说般若经，有四处十六会：王舍城鹫峰山，七会；给孤独园，七会；他化天摩尼宝藏殿，一会；王舍城竹林园白鹭池侧，一会。本经是六百卷般若经中第五百七十七卷，四处十六会中第二处第三会时所说。

③“佛”，梵语译音，全称“佛陀”“佛驮”“休屠”“浮屠”“浮图”“浮头”“没驮”等。意译“觉者”“知者”“觉”，即觉悟真理之人的意思。《疏钞》注：“‘佛’者，梵语也，具云

‘佛陀’，唐（中国语言）言‘觉者’。谓自觉、觉他、觉圆满故。一切有情咸具此道，悟者即名佛，迷者曰众生。”也就是具足自觉、觉他（使他人觉悟）、觉行圆满的大圣人。据说，凡夫“三觉”无一具足，而声闻、缘觉只能自觉，菩萨能自觉和觉他，而觉行尚未圆满，唯有佛陀才大彻大悟，“三觉”俱全，得到修行解脱的最高果位。大乘佛教还认为，于一时中有多佛并存，同时他方世界也有恒河沙数诸佛。此处专指释迦牟尼佛。小乘佛教以阿罗汉为修行解脱的最高果位，也没有多佛存在的理念。佛教认为，佛有三身。李文会注：“佛者，非相而相，应身佛也；相而非相，报身佛也；非相非非相，法身佛也。”川禅师注：“佛，无面目说是非汉。”便是指的法身佛。

④“舍卫国”，中印度古王国名译音，又作“舍婆提国”“室罗伐国”“尸罗跋提国”“舍啰婆悉帝国”。译义为“闻者”“闻物”“多有”“丰德”“好道”等。又以此城多出名人，多产胜物，故称“闻物国”。本为北憍萨罗国的都城名，为了有别于南憍萨罗国，所以用都城名字为代称。它是释迦牟尼佛的出生地，佛陀很多时间都住在这里。故址在今印度西北部拉普地河南岸。东晋僧人法显往天竺求法时，此地已颇荒废；再过两百年，唐代玄奘经过时，更显荒芜。

⑤“祇（qí）树给孤独园”，位于中印度憍萨罗国舍卫城之南，近于拉波提河南岸的塞赫特马赫特，为佛陀说法遗迹中最著名地点。“祇树”，即“祇陀太子所有的树林”的略称；“给孤独园”，意谓是给孤独长者所献的园林。“给”，给予，周济。幼而无父曰孤，老而无子曰独。《礼记·王制》曰：“恤孤独，以逮不足。”给孤独长者本名“须达多”，中文意思为“善施”，谓平生乐善好施。唐玄应《一切经音义》三云：“‘须达多’，此云‘善与’，故得给孤独名也。”据北本《大般涅槃经》卷二十九、《五

分律》卷二十五等经载，舍卫城须达长者一向怜惜孤独，好行布施，人誉为“给孤独长者”。自从皈依佛陀后，欲寻觅一处处所，为佛陀建筑精舍。见祇陀太子园林清净闲旷，甚是理想，乃欲购下。太子很不乐意，为使长者畏而却步，遂以黄金铺地为价。须达长者满口答应，乃以象驮黄金铺地。太子感其至诚，悉将园林所有林木也布施给佛陀。因为僧园是集二人之力而成，故以二人名字命名为“祇树给孤独园”。精舍竣工后，佛陀四十九年说法，大多数时间都在这里。精舍之建筑，中央为佛殿，周围筑有八十小屋，有禅房六十三所，生活设施无不具备。精舍的原构早已不存，后来重建的规模远不及古建。

⑥“大比丘”，“比丘”，又译作“苾刍”“备刍”“比呼”。意为“乞士”“乞士男”“除士”“薰士”“破烦恼”“除馑”“怖魔”等。指出家得度，受了具足戒的男子。具足戒，据《四分戒》，比丘为二百五十戒，即四波罗夷、十三僧残、二不定、三十舍堕、九十单提、四提舍尼、百众学、七灭诤等（各种律文略有异同）。“波罗夷”意译为“极恶”“断头”“弃”等，是戒律中的根本罪。修行人若犯此戒，则失其比丘、比丘尼资格；自教团中放逐，不得与僧同住；死后必堕地狱。“僧残”梵音“僧伽婆尸沙”，此罪为次于波罗夷的重罪，若有犯，则必依僧众而行忏悔法，若不愿意忏悔，则与犯波罗夷罪同。“舍堕”罪系僧尼衣钵等财物，故以其所犯之财物，舍于众中而忏悔之，谓之“尽舍”。若不忏悔，则结堕地狱之罪，故曰“堕”。星云《金刚经讲话》解释说：“比丘有三义：一、乞士。上乞诸佛之法，以养慧命；下乞众生之食，以滋色身。二、破恶。出家能破烦恼恶法。三、怖魔。出家趣向光明正道，能令邪魔怖畏。”“大比丘”，为道高望重的比丘。王日休注：“‘大比丘’，则得道之深者，乃菩萨、阿罗汉之类也。”

⑦“众”，与“僧”同义。“僧”乃译音词“僧伽”之略，即“僧团”之意，四人以上（一说三人）方可称之。《智度论》三云：“‘僧伽’，秦言‘众’。多比丘一处和合，是名僧伽。”《法华玄赞》一云：“‘众’者，‘僧’也。理、事二和，得‘众’名也，三人已上得‘僧’名故。”《行事钞》云：“四人已上，能御圣法办得前事名之为僧。僧以‘和合’为义，言和合者有二义：一理和，谓证择灭故（修习佛法以求解脱）。二事和，此别有六义：一戒和同修，二见和同解，三身和同住，四利和同均，五口和无诤，六意和同悦。”

⑧“千二百五十人”，指佛陀身边的“常随众”有一千二百五十人：佛陀度“三迦叶”，即优楼频螺迦叶、伽耶迦叶、那提迦叶及其随从等一千人；又度舍利弗、目犍连等二百人；更度耶舍长者之子共五十人，计有一千二百五十人。这些人起初皆是修持外道法门，久而徒劳无功，不能得到解脱，直至遇见佛陀，方才得有所成。为了报答佛陀恩惠，便发愿随侍左右，帮助弘法利生。

⑨“尔时”，其时，此时。

⑩“世尊”，佛陀的十号之一。谓即世间所尊重者，亦谓世间最尊贵者。江味农《〈金刚经〉讲义》云：“世尊，别有十号，总称世尊。因具十号之德，为世尊崇，故称世尊。”

⑪“食时”，指戒律规定的进食时间，即从早晨以迄中午。“过中一髮，即不得食。”凡超过中午之时限而进食者，称为“非时食”，为戒律所不许。据《四分律》卷十四、《五分律》卷八等记载：迦留陀夷比丘于傍晚时入罗阅城乞食，由于光线不明，一孕妇疑为鬼魅，惊吓堕娠。佛陀因此乃制此戒。又，《行事钞》中三云：“经中说云：早起，诸天食；日中，三世诸佛食；日西，畜生食；日暮，鬼神食。”现在的僧尼，大多与俗家同，一日三

餐，但是仍有严格持“过午不食”戒者。

⑫“着衣”，衣指法衣，僧尼穿着的服装，乃是佛陀时代所制定。《释氏要览》上云：“西天出家者衣，律有制度，应法而作，故曰法衣。”在印度，佛陀规定比丘有“僧伽梨”（意为“福田衣”，即大衣）、“郁多罗僧”（意为“入众衣”）、“安陀会”（意为“作务衣”）等三衣。因其染色而称为袈裟，“袈裟”意译为“不正色”“坏色”。江味农《〈金刚经〉讲义》云：“《增一阿含》云：‘染作加沙衣，味为加沙味。’故‘加沙’训杂最妥。”三衣之中，僧伽梨乃入王宫、聚落时所穿用，系用九条乃至二十五条布缝制，又称九品大衣。郁多罗僧系用七条布缝制，又称七条衣，乃礼诵、听讲、布萨之际穿用。安陀会乃日常生活及就寝之时穿用，乃用五条布缝制。佛陀率众人入城乞食，就是换上最为庄重的僧伽梨。佛陀应其需要而允许穿着之衣，称为“听衣”。通常是将弃于粪尘中之布洗净后制成，又称“粪扫衣”或“衲衣”。僧人称为“衲子”，僧众则称“衲众”，即由此而来。中国习惯，三衣为五衣、七衣及大衣，而以大衣最尊。

⑬“持钵”，即“托钵”，指比丘乞食。《正字通·手部》云：“托同‘拓’，手承物也。”“钵”是译音词“钵多罗”“钵和罗”的略称。又作“钵盂”。乃僧人所常持道具之一，一般作为食具。圆形、稍扁、底平、口略小，其材料、颜色、大小都有定制。佛教认为是如法受供之食器，应腹分量之食器，故又译作“应器”“应量器”。我国古时多用“持钵”一语，至宋以后方用“托钵”。原来印度僧人是以手持钵，游行街市，化缘乞食。据说，托钵乞食的原始意义有二：自利，为杜绝俗事，方便修道；利他，为福利世人，予众生种植福田的机会。在我国，后来僧人擎钵赴僧堂进食，也称托钵。

⑭“乞食”，即托钵化缘，谋食养命，佛教名为“正命食”。

余外，自作种种生业而自活，称为“邪命食”。如种植树艺，名“下口食”；观察星象以言休咎，曰“仰口食”；交通四方豪势，曰“方口食”；卜算吉凶等，曰“维口食”。

⑮“次第”，依照顺序，挨家挨户，不别贫富、不分贵贱、不择净秽之家，以平等心去乞食。按佛制，托钵不超过七家，以乞满一钵为准。若乞不满钵，也须归去，不可超过规定的时间。若纳注：“不越贫从富，不舍贱从贵，大慈平等，无有选择，故曰‘次第’。”

⑯“已”，止，结束。

⑰“饭食讫”，“饭”“食”同义。《说文》：“饭，食也。”段玉裁注：“‘食’之者，谓食之也，此‘饭’之本义也。”“讫”，完毕。

⑱“洗足”，“足”是人体下肢的总称。《医宗金鉴·刺灸心法要诀·周身名位骨度》注：“‘足’者，下体所以趋走也，俗名‘脚’。”古印度习俗皆赤足行走。佛陀入城乞食归来，故须洗足。

⑲“敷座而坐”，敷座，铺设尼师坛坐具。慧琳《一切经音义》一云：“‘尼师坛’，梵语略也。唐译为‘敷具’，今之坐具也。”“坐”，结跏趺坐，即盘腿而坐。其坐法是双膝弯曲，两足掌向上。佛家又分为降魔、吉祥坐二种：一是先以右足压左股，后以左足压右股，二足掌仰于二股之上，手亦左手居上，称为降魔坐；天台、禅宗等显教诸宗多传此坐。二是先以左足压右股，后以右足压左股，手亦右手压左手，称为吉祥坐，密宗亦称为莲花坐。

译文

以下《金刚般若波罗蜜经》，乃是我亲自听闻佛陀宣说。

那时，佛祖释迦牟尼在舍卫国的祇树给孤独园，和大比丘众一千二百五十人集聚在一起。当时，到了吃饭的时间，世尊着上法衣，捧着食钵，进入舍卫国都城化缘。在城内挨家乞食完毕后，依然返回原处。吃过了饭，收拾好法衣和食钵，洗完脚后，铺好座垫，盘腿而坐。

善现启请分第二

时，长老[1]须菩提[2]，在大众中，即从座起，偏袒右肩[3]，右膝着地[4]，合掌[5]恭敬而白[6]佛言：

“希有世尊[7]，如来[8]善护念[9]诸菩萨[10]，善付嘱[11]诸菩萨。世尊，善男子善女人[12]，发阿耨多罗三藐三菩提[13]心，应云何[14]住[15]，云何降伏其心[16]？”

佛言：“善哉善哉[17]。须菩提，如汝所说，如来善护念诸菩萨，善付嘱诸菩萨。汝今谛[18]听，当为汝[19]说。善男子善女人，发阿耨多罗三藐三菩提心，应如是住，如是降伏其心。”

“唯[20]然。世尊，愿乐欲闻。”

注释

善现启请　《金刚经》五十三家注解题注：“善现，即须菩提也，起来请佛说法。”“启请”，咨问；请教。须菩提与善现本是一人，经文用“须菩提”，而标题用“善现”者，乃此处不得有三字，否则全书标题不整齐统一。众弟子跟随佛陀身边数十年，不曾理解佛陀在日常生活里，即包含着般若的妙趣，认为与一般众生没有两样。佛陀十大弟子之一的须菩提，本具慧眼，善解空理，乃代表广大弟子，应机启请佛陀说法。他所问的“如何使菩提心常住不退”“如何降伏妄念之心”，佛陀随之解说，由此而切入金刚般若的主体内容。须菩提被誉为“解空第一”，而《金刚经》是说空的经典，所以由他代表大众，恭请佛陀说法。

①“长老”，指年龄大而法腊（出家时间）长，智慧和德行突出的僧人。又有“上座”“首座”“耆宿”“耆旧”“老宿”等称呼。江味农《〈金刚经〉讲义》云：“长老，齿德俱尊之称。唐译曰‘具寿’，惟显年老。魏译曰‘慧命’，唯显德长。罗什顺此方文义，译为‘长老’，兼含二义。”《增一阿含经》云：“阿难白世尊：‘如何比丘当云何自称名号?’世尊告曰：‘若小比丘向大比丘称长老，大比丘称小比丘称名字。’”我国禅林多称住持或其师为长老。《水浒传》第九十回载：“供茶罢，侍者出来请道：‘长老禅定方回，已在方丈专候。启请将军进。’”即指方丈为长老。

②“须菩提”，梵语译音，又译称“苏补底”“须扶提”“须浮帝”“浮帝”“须枫”，意译为“善业”“善吉”“善现”“空生”等。是佛陀十大弟子之一，最善解空理，被誉为“解空第一”。原是古代印度舍卫国婆罗门之子，智慧过人，然而性情恶劣，嗔恨炽盛，为亲友所厌患，遂舍家入山林。佛陀为之宣说嗔恚的过患，须菩提自悔责忏罪。后来证得须陀洹果，复证阿罗汉果。《西域记》七云：“‘苏补底’，唐言‘善现’。旧曰‘须扶提’，或曰‘须菩提’，译曰‘善吉’，皆讹也。”

③“偏袒右肩”，裸露右边臂膀。《释氏要览·礼数》云：“偏袒，天竺之仪也，此礼自曹魏世寖至今也。律云‘偏露右肩’，即肉袒也。律云‘一切供养皆偏袒’，示有便于执作也。”现在，僧人对于法衣的穿着，有所规定，通常系将衣之两端，由左肩披至右胁下后，将环挂于扣或钩上固定，称为“搭衣”。坐禅时，则可覆搭两肩。在礼佛时，则必露出右肩，称为“偏袒右肩”，以示礼敬，但是已不肉袒。

④“右膝着地”，又作“互跪”“胡跪”，为印度敬礼法。据《释门归敬仪》卷下载，所谓互跪，即左右两膝交互跪地，乃有

所启请之意，或用于悔过授受之仪式，多为比丘所用。若以两膝据地，挺身而立者，则称长跪，多为比丘尼所用。据《文殊问般若经》，右是正道，左是邪道。右膝着地，表示以正去邪，皈心大法。

⑤“合掌”，又作“合十”。即合并两掌，而恭敬礼拜之意。《观音义疏》上云：“合掌者，此方以拱手为恭，外国合掌为敬。手本二边，今合为一，表不敢散诞，专至一心。一心相当故，以此表敬也。”

⑥“白”，禀告。《玉篇·白部》：“白，告语也。”下告知上或者平辈相告知。

⑦“希有”，少见难逢。嘉祥《法华疏》三云：“旷世所无，故言‘希有’。”“希”同“稀”。

⑧“如来”，为佛十号之一，为佛之尊称。梵语译音作“多陀阿伽陀”“怛萨阿竭”“多阿竭”等。“如来”的释义有多种。或谓可分解解释为“如去”“如来”两义：为乘真如之道，而往涅槃，故称如去；为由真理而来，而成正觉，故称如来。又，《瑜伽》四十九卷云：“当知此中诸有所言、所说、所宣，一切如实，皆无虚妄，故名如来。”又，李文会注：“‘如’者不生，‘来’者不灭，非来非去，非坐非卧，心常空寂，湛然清净也。”又，王日休注：“佛所以谓之如来者，以真性谓之真如，然则‘如’者，真性之谓也。真性所以谓之如者，以其明则照无量世界而无所蔽，慧则通无量劫事而无所碍，能变现为一切众生而无所不可，是诚能自如者也。其谓之‘来’者，以真性能随而来现，故谓之如来。”种种解说，不一而足。

⑨“护念”，谓佛陀保护佛教信徒，使不遭受各种障害。嘉祥《法华义疏》九云：“令外恶不侵为护，内善得生为念。”

⑩“菩萨”，乃是音译“菩提萨埵（duǒ）”的简称。意即求

道求大觉之人。“菩提”释义是“觉悟”，“萨埵”释义是“众生”或“有情”。它包括自觉和觉他两层意思，就是说，菩萨既是已经“觉悟的众生”，又是以觉悟他人为己任的有情。中国历来有四大菩萨之说：大悲观音菩萨、大愿地藏菩萨、大智文殊菩萨、大行普贤菩萨。对于佛教中的僧侣或居士，也常以“菩萨”为尊称。《西游记》第七二回载：“〔唐三藏〕应声高叫道：‘女菩萨，贫僧这里随缘，布施些儿斋吃。’”

⑪“付嘱”，吩咐，叮嘱。

⑫“善男子善女人”，佛陀称在家出家的男女为“善男子善女人”。王日休注：“为善之男子或女人。”或云：“善”者，含赞誉信佛闻法之意。

⑬“发阿耨多罗三藐三菩提心”，谓发愿求得阿耨多罗三藐三菩提之心。《维摩经》慧远疏云：“期求正真道，名为发心。”“发”，生起。“阿耨多罗三藐三菩提”，梵语译音，意译“无上正等（无偏曰等）正觉”的智慧。《维摩经·佛国品》僧肇注云：“‘阿耨多罗’，秦言‘无上’。‘三藐三菩提’，秦言‘正遍知’。道莫之大，无上也。其道真正，无法不知，正遍知也。”

⑭“云何”，如何，怎么样。“云何应住”，据江味农《〈金刚经〉讲义》，唐人写经本作“应云何住”。

⑮“住”，停留；安住。颜丙注：“‘住’者，乃常住不灭也。”王日休注：“‘云何应住’，谓当住于何处也；‘云何降伏其心’，谓当如何降伏此妄想心也。”

⑯“降（xiáng）伏其心”，制止、摄持心中的妄念，就是令妄想不起。

⑰“善哉”，赞叹辞，“好”“对”“是”之意。

⑱“谛”，仔细。王日休注：“谛，审也，谓仔细听也。”

⑲“汝”，第二人称代词“你”，多用于称同辈或后辈。

⑳“唯（wěi）然”，“唯”，象声词，恭敬应答声。《礼记·曲礼》“父命呼，‘唯’而不‘诺’，手执业则投之，食在口则吐之，走而不趋，至敬。”郑玄注：“唯，于癸反。”孔颖达疏：“‘唯而不诺’者，应之以‘唯’，而不称‘诺’，‘唯’恭于‘诺’也（“唯”是比‘诺’要恭敬的一种应答声）。”《论语·里仁》“子曰：‘参乎！吾道一以贯之。’曾子曰：‘唯。’”孔安国注：“直晓不问（知晓了而不必问），故答曰‘唯’。”陈雄注：“‘唯’者，诺其言也。‘然’者，是其言也。”

译文

这时，须菩提长老从大众中离座站立起来，袒露右肩，右膝跪地，双手合掌，恭恭敬敬地对佛陀说：“举世稀有的佛陀，如来佛善于护爱顾念诸菩萨，善于叮嘱教导诸菩萨。世尊，若是那些善男善女也发菩提心，想修得无上正等正觉的智慧，您说应该怎样才能安住菩提心而不退转，才能制伏妄念的干扰呢？”

佛陀回答道：“好啊，好啊！须菩提，正如你所说，如来佛善于护爱顾念诸菩萨，善于叮嘱教导诸菩萨。现在你要细心地听好，我会告诉你。善男善女若想发菩提心，修成无上正等正觉的智慧，应该像这样的守住菩提心，像这样的制伏妄念的干扰。”

须菩提说：“是，是，是这样的。世尊，我很愿意和很高兴，希望听到您的开示。”

大乘正宗分第三

佛告须菩提：“诸菩萨摩诃萨[①]，应如是降伏其心。所有一切众生[②]之类，若[③]卵生、若胎生、若湿生、若化生[④]，若有色、若无色[⑤]，若有想、若无想、若非有想非无想[⑥]，我皆令入无余涅槃[7]而灭度[8]之。如是灭度无量无数无边众生，实无众生得灭度者[9]，何以故？须菩提，若菩萨有我相、人相、众生相、寿者相[10]，即非菩萨[11]。”

注释

大乘正宗　《金刚经》五十三家注解题注：“大乘非小乘，正宗非邪宗。”本分述说大乘佛教的心要。般若被视作“诸佛之母”，是为最上乘的法门，所以点明属于“大乘正宗”。“大乘”者，即不择优劣亲疏，一切众生普度，都令入无余涅槃的最胜境界。灭度无量无数无边众生，而谓实无众生得灭度者，是众生本性中皆有佛性，所谓灭度乃拂去妄尘，还其本有。菩萨若不能常住菩提心，有我、人、众生、寿者四相，则非菩萨，而与众生等同了。

①“摩诃萨”，梵文译音“摩诃萨埵”之略，即“大”的意思。“菩萨摩诃萨”，倒装句，即大菩萨，也译为“大士”“圣士”等名称。《智度论》五云：“‘摩诃’名‘大’，‘萨埵’名‘众生’，或名‘勇心’。此人心能为大事，不退不还大勇心，故为摩诃萨埵。”

②“众生”，音译“仆呼那”“禅头”“社伽”“萨埵”，意译作“众生”或“有情”“含识（即含有心识者）”“含情”“群萌”等。指一切有生命、情识的生物（或说包括有情之生物以及非情之草木等）。《长阿含经》卷二十二“世本缘品”载：无男女尊卑上下，亦无异名，众共生于世，故称众生。江味农《〈金刚经〉讲义》云：“四大五蕴众缘和合而现生相，故名‘众生’。此众生一名之本义。引申之，则为数多类繁，名为‘众生’。”他们被无明烦恼所覆，流转于生死轮回。

③“若”，或，或者。连词，表示选择关系。

④“卵生、胎生、湿生、化生”，合称“四生”。据《俱舍

论》卷八载，卵生是由卵壳出生者，称为卵生，如鹅、孔雀、鸡、蛇、鱼、蚁等；胎生又作“腹生”，是从母胎而出生者，称为胎生，如人、象、马、牛、猪、羊、驴等；湿生又作“因缘生”“寒热和合生”，即由粪聚、注道、秽厕、腐肉、丛草等润湿地之湿气所产生者，如飞蛾、蚊蚰、蠓蚋、麻生虫等；化生谓无所托而忽有，如诸天神、地狱中所有的有情，皆由其过去业力而化生（由善、恶之业而生起苦、乐之果，故有上天或下地狱者）。

⑤“有色、无色”，欲界与色界的有情，有有色身或无色身（物质形体）者。释星云《〈金刚经〉讲话》云：“从有没有物质形体来说，众生可分为：一、有色，即有物质形体的众生，也包括欲界六道众生及色界四禅天；二、无色，没有男女之欲与物质形体者，如无色界的四空天。”按，佛教认为，有情众生在生死轮回过程中，可能处在“欲界”“色界”和“无色界”三个层次之一上。据《俱舍论》等经记述，“欲界”是具有情欲、食欲等有情所居住的世界，上自第六他化自在天，中包括人界之四大洲，下至无间地狱等二十处，涵盖了地狱、饿鬼、畜生、天、人五道以及他们所生存的器世间。“色界”位于欲界之上，为离食欲与淫欲的众生所居，除开无有欲染，亦无女形，其众生是由化生外，其余一切都殊妙精好。此界从“初禅梵天”至“阿迦腻吒天”，凡有十八天。“无色界”在色界的上边，此界无一物质之物，亦无身体、宫殿、国土，众生唯以心识住于深妙的禅定中。无色界从“空无边处天”至“非想非非想处天”，共有四天。三界果报虽有优劣、苦乐等差别，都是属于迷界，是凡夫生死往来的世界，没有脱离生死轮回。所以《法华经·譬喻品》说：“三界无安，犹如火宅；众苦充满，甚可怖畏。”

⑥“若有想、若无想、若非有想非无想”，是依众生意识（佛教称众生有八识，即眼、耳、鼻、舌、身、意、末那、阿赖

耶。末那，第七识，即意识。玄应《一切经音义》二十三云："'末那'，此云'意'也。"阿赖耶，第八识，乃是众生的根本心识，释为"藏"，含藏一切事物种子之意；又释"室"，谓此识是一身的巢宅。慧琳《一切经音义》十八云："'阿赖耶'者，第八识也，唐云'藏识'。")之有和无，将其所居处，分为若有想、若无想、若非有想非无想三类。释圆瑛《〈金刚般若波罗蜜经〉讲义》卷上云："'若有想'，指识无边处天，以其无色，惟以识想相续为命故。'若无想'，指无所有处天，以其能伏末那(第七识)，惟阿赖耶独存（第八识），七识既伏而无别，故名无想。'若非有想非无想'，指非想非非想处天。以此天欲尽赖耶，深入灭定，以定力制伏，赖耶似尽，故非有想；定力稍亏，赖耶似存，故非无想。"

⑦"无余涅槃"，即大涅槃，谓此涅槃外，更无其余，故名。无余涅槃谓身、智皆灭，断尽了一切烦恼妄想，了脱生死，不再受生死轮回，达于灰身灭智的境界。亦译为"无余依涅槃"，"依"，指依身，即人的身体。而"有余涅槃"乃是烦恼妄想已断，而前世果报之身犹存，尚有待尽其生死果报者。

⑧"灭度"，即"涅槃"的意译。"涅槃"，又作"泥洹""涅槃那""抳缚南""匿缚喃"等，意译为"灭""灭度""寂灭""无为""圆寂""解脱"等。《楞伽经》云："涅槃，乃清净不死不生之地，一切修行者之所依归。"涅槃本是指超脱轮回，出离生死，殊胜佳妙的境界。一般人误认作"死亡"的别称，与本来意义大不相合。玄奘以前多释"灭"或"灭度"，以后多译"圆寂"。其意是熄灭烦恼妄想，超越生死轮回，获得一种彻底的解脱。

⑨"如是灭度无量无数无边众生，实无众生得灭度者"，一般认为，自我个体就是灵魂或人格的主体，这就是"我执"，执

著“我”为实有。大乘佛教则反对执著于此类个体、性命、灵魂的实际存在而且永远不变的观念。认定以上四相原是空有，原是幻相，原是在不断地变化。众生本具佛性，但是自无始以来，为妄尘所染，众业迭作，生死报应，循环不已。灭度就是出脱妄心和烦恼，回复到自身的清净本性。正如镜子，拭去灰尘，重现光明。唐代禅师怀让以“磨砖作镜”开示马祖道一，因为光明既不为砖所本有，就怎么磨也做不成镜子。没有觉悟的众生才是凡夫，觉悟了的众生可以是菩萨、是佛。所以说，众生要能获得灭度，并不是因为佛的缘故，而是自身自性自度。这也是佛教不同于其他宗教的地方，它不承认哪里有什么“救世主”，能够拔众生于苦海深渊。慧能《六祖坛经》云：“自性自度，名为真度。”佛陀不存在对于四相的错执，所以说“实无众生得灭度者”。菩萨是觉悟了的众生，若是尚存有“我执”，对众生执有我相、人相、众生相、寿者相，那他就不得称之为菩萨，而与凡夫了无分别了。

⑩“我相、人相、众生相、寿者相”，“相”，相对于性质、本体而言，乃指其相状或特征。《大乘入楞伽经》卷五“刹那品”云：“此中‘相’者，谓所见色（物质状态）等形状各别，是名为相。”“我相”，是谓众生在五蕴法之中，将我和我所有妄认为实有；“人相”，是谓众生在五蕴法之中，妄认为我生于人道，而不同于其余各道（除人间外的地狱、饿鬼、畜生、阿修罗、天上）；“众生相”，是谓众生在五蕴法之中，妄认我是依色、受、想、行、识五蕴和合而生；“寿者相”，是谓众生在五蕴法之中，妄认我受一期生命之久长。凡夫执著为实有，而在大乘佛教看来，这些都只是幻相。人是五蕴（即色蕴、受蕴、想蕴、行蕴、识蕴。“蕴”，音译作‘塞健陀’，乃积聚、类别的意思。“色”，由“四大”和合而成的身体，即物质形象。“受”即感受，“想”

即想象，“行”即造作，“识”即了别。受、想、行、识这四者都是心理活动，是精神现象）在一定条件下（因缘）的暂时聚合。五蕴虚幻不实，成坏无常。所以《毗婆尸佛经》上说：“五蕴幻身，四相（万物生灭变迁的生、住、异、灭）迁变。”《心经》说“五蕴皆空”。对于经中的我、人、众生、寿者四相，各家说解不一。释星云《〈金刚经〉讲话》和南怀瑾《〈金刚经〉说什么》则从“灭度”角度来解释，《〈金刚经〉讲话》云：“我相，执著我为能度者，为真实的个体存在；人相，执著彼为我所度者，以他人为和我对立之存在；众生相，所度既非一人，各各善根又不一致，于是处处分别之，如阶级、种族等分别，即是执著众生相；寿者相，执著我、人、众生等诸事物为真实不虚、持续不坏，可以传之长久。”慧能注：“修行人亦有四相，心有能所，轻慢众生，名‘我相’。自恃持戒，轻破戒者，名‘人相’。厌三涂苦，愿生诸天，是‘众生相’。心爱长年，而勤修福业，法执不忘，是‘寿者相’。有四相，即是众生。无四相，即是佛。”李文会注：“有‘我相’者，倚恃名位权势，财宝艺学，攀高接贵，轻慢贫贱愚迷之流。‘人相’者，有能所心，有知解心，未得谓得，未证谓证，自恃持戒，轻破戒者。‘众生相’者，谓有苟求希望之心，言正行邪，口善心恶。‘寿者相’者，觉时似悟，见境生情，执著诸相，希求福利。有此四相，即同众生，非菩萨也。”而江味农《〈金刚经〉讲义》则谓：“四相，即是一个我相。有我，即有对待之人相。对待者不止一人，即众生相。我相在妄心中，念念继续不忘，即寿者相。”

⑪“即非菩萨”，有四相，则有我，有种种分别心，即非菩萨，而为凡夫。

译文

佛陀告诉须菩提："各位大菩萨，应该像这样去制伏妄念的干扰。三界六道的一切生命，或是卵生，或是胎生，或是因湿润而成，或是因幻化而成，或有形质，或无形质，或有思想活动，或没有思想活动，或者不是有思想活动也不是没有思想活动，我都会使他们灭度而进入无余涅槃的境界。虽然我如此灭度了无量、无数、无边的众生，实质上却没有众生是经我而度离苦海的。"

"这是什么缘故呢？"

"须菩提，如果菩萨心中执著有自我相状、他人相状、众生相状、生命久远者的相状，那就不得名为菩萨，而与凡夫无异了。"

妙行无住分第四

"复次[①]，须菩提，菩萨于法[②]，应无所住[③]行于布施[④]，所谓不住色布施，不住声香味触法[⑤]布施。须菩提，菩萨应如是布施，不住于相[⑥]。何以故？若菩萨不住相布施，其福德不可思量[⑦]。须菩提，于意云何？东方虚空[⑧]可思量不[⑨]？"

"不[⑩]也，世尊。"

"须菩提，南西北方，四维[⑪]上下虚空，可思量不？"

"不也，世尊。"

"须菩提，菩萨无住相布施，福德亦复如是不可思量。须菩提，菩萨但应如所教住[⑫]。"

注释

妙行无住　《金刚经》五十三家注解题注："奥妙之行，本无住者。""妙行"，本分乃说布施，谓布施是一种极好的修行法。所以，佛教以布施为"六波罗蜜"（菩萨欲成佛道的六种修行，涵容了自利利他，自度度他的功德。或译作"六度"。即布施，持戒，忍辱，精进，禅定，智慧）之首。修持布施，需要能不住相，福德方不可思量。凡所有相，都是虚幻，住相就会为六尘所困惑，眼悦色，耳乐声，鼻臭香，舌甘味，身触欲，法有较量分别，便昧了菩提的本觉。佛教要求的布施，是"三体轮空"，即布施者、所布施物和受布施者，布施时不予分别和计较，布施后亦不复思量，望求回报。

①"复次"，其次，又。颜丙注："'复次'，乃再说也。"

②"法"，音译为"达摩""驮摩""昙摩""昙无""昙"等。在佛教经典中，"法"字的语意不一，此处是泛指一切事物和现象，包括物质的和精神的"一切法"，及过去、现在和未来的"三世诸法"，以至具体的"色法""心法"等。李文会注："'菩萨于法'者，总标一切空、有之法也。"江味农《〈金刚经〉讲义》云："'法'字包罗万象，一切事事物物，不论眼见耳闻，即不能见，不能闻，而为心所想及者，亦称为法。凡世间法，出世间法，均包括在内，故称一切法。"

③"无所住"，"住"，驻止不动。即"执著"意。事物都处在因缘联系与不断变化状态中，都是"念念（"念念"，刹那刹那的时间。《探玄记》十八云："'刹那'者，此云'念顷'。"）无常，无有住时。"（《大智度论》卷四十七）也就是没有一个固定不变的实体。一切法既"无有所住"，人对事物的认识，也就不能执著不变。《疏钞》注："'无所住'者，心不执著。"李文会注引逍遥翁云："凡夫不识自佛，一向外求，住相迷真，分别他

境。不为助道，但求福门，似箭射空，如人入暗。”

④“布施”，梵语“檀那”的释义。《法界次第》云：“‘檀那’，秦言‘布施’。”《大乘义章》十一云：“言‘布施’者，以己财事分布与他，名之为‘布’；惙（chuò 忧）己惠人，目之为‘施’。”临济注：“布者，普也；施者，散也。”布施有三种，第一种为财施，即以衣食财物施惠予人；第二种为法施，即宣说教法，利益众生；第三种名无畏施，为人拔除刀兵、水火之灾及猛兽之害。陈雄注：“财施为凡，法施为圣。盖凡夫布施，必以满三千大千世界七宝为求福之具，财施也，此住相布施也。且以人天大福报自期，数尽未免轮回。菩萨布施，但一心清净，利益一切众生，为大施主，法施也，此不住相布施也。虽不徼福，自然离生死苦，受大快乐，历千劫而不古，超三界以长今，是所谓无限福德，实不可思维而量度也。”小乘佛教布施的目的，在于破除个人吝啬与贪心，以免除未来世的贫困。大乘佛教则以布施同大慈大悲教义相联结，看作一种修行方法，为他人造福成智，累积功德，从而获得解脱。

《大般若经》将六波罗蜜布施，持戒，忍辱，精进，禅定，般若，一一举出，本经单说布施，这是避繁就简。正如《心经》于五蕴中只说色，而于受、想、行、识只略说“亦复如是”。

⑤“色声香味触法”，“色”“声”“香”“味”“触”“法”，谓之“六境”，或谓“六尘”“六贼”。通过目睹其色，耳闻其音，鼻知其香，舌尝其味，身触其光，心以法缘，污染意识，引人迷妄，所以佛陀教诫不住色声香味触法布施。王日休注：“色谓形色，声谓音乐，香谓鼻之所闻，味谓食物之味，触谓男女之欲，法谓心之所校量思惟者，乃教化众生不使著于六尘也。”

⑥“不住于相”，“不住”，或云“无住”，就是不执著。行布施时，心不执著于事相，不见施与者我相，不见所施物相，不

见受施者人相，这就是所谓“三轮（施者、受者、所施物）体空”。慧能注：“应如无相心布施者，为无能施之心，不见有所施之物，不分别受施之人，故云无相布施。”《疏钞》注：“‘不住’者，心不住有为之福也。”李文会注：“‘不住于相’者，非但见色是相，一切种种分别皆名为相。如是之相，皆从因缘而生，应知一切分别，皆如梦幻，遇缘即施，缘散即寂，是故佛言凡所有相皆是虚妄。”

⑦“思量”，思忖度量。

⑧“虚空”，空间。虚无形质，空无障碍，故名虚空。

⑨“（可思量）不（fǒu）”，语末助词，表询问。音义同“否”。

⑩“不”，不能。《说文·不部》：“否，不也。”段玉裁注：“‘不’者，事之不然也；‘否’者，说事之不然也。故音义皆同。”旧注“音弗（fú）”，非。

⑪“四维”，指东南、西南、西北、东北四隅，为东西南北四方之隅角。东南西北、四维、上下，合共十方。

⑫“如所教住”，像佛陀所教导的安住其心，即不住相而住。菩萨修六度万行，一一离相，住于无相的菩提。陈雄注：“如来教菩萨法，不过住无所住之法。菩萨受如来教，非敢变异，但当如其所教者，以无住为住处。”傅大士（翕）注：“佛教所谓‘住’者，湛若十方，空无所住而住。”

译文

“再次，须菩提，菩萨了知佛法关于事物性空的道理，应该不住于相，无所执著，在无住法中修行布施。这就是佛法所说的，不执著在身色、声音、香臭、味道、触觉、意识上的布施。须菩提，菩萨应该这样地布施，不执著于事物的表相。”

“这是什么缘故？”

“如果菩萨布施时，不去执著在施者、受者和所施物上，他得到的福德就大得不可思忖度量。须菩提，你觉得怎样？东方的空间有多大，你思忖度量得出来吗？”

“不能够，世尊。”

“须菩提，东方和南方、西方、北方四方，东南、西南、西北、东北四隅，以及上方、下方，一共十方的空间，你能思忖度量出有多大吗？”

“不能够啊，世尊。”

“须菩提，菩萨不执著于事物表相作布施，他的福德也像十方虚空一样，广大得不可思忖度量。须菩提，菩萨只要能按我教导的方法修行，自然能使妄心不起，安住清净菩提本心了。”

如理实见分第五

“须菩提，于意云何，可以[①]身相[②]见[③]如来不？”

“不也，世尊，不可以身相得见如来。何以故？如来所说身相，即非身相[④]。”

佛告须菩提：“凡所有相皆是虚妄[⑤]，若见诸相非相[⑥]，即见如来。”

注释

如理实见　《金刚经》五十三家注解题注：“此如如之理，为真实见解。”“如如”，指诸法皆平等不二的法性理体，本然之相，即指诸法存在的真实状况。不同宗派在不同场合对“如如”赋予不同称名，如“本无”“性空”“无为”“实相”“佛性”“法身”等，其基本内涵为无变易的绝对的本体。“如”，理的异名。本分的要旨是破妄相。如来不可以藉身相相见，身相乃是由五蕴造作，因缘生法，缘会而生，缘散而灭，如幻如化，虚妄不实。若能明了凡是造作迁流变化的一切相，都是如此，求其实了不可得，那么当下即契无相之理，就能见到真性如来。真性如来是无相可求的。如理实见，不可执相，也不可离相；执相是虚妄，离相是断灭。若见诸相非相，即见如来。

①“以”，介词，凭借，用……方式。

②“身相”，身体相貌。《圆觉经》云：“妄认四大为自身相。”即由地、水、火、风四大因缘遇合而成的肉身。这种肉身，缘聚缘散，并非不变，佛陀也是如此。宝积如来注：“如来真身，本无生灭，湛然长住。托阴受形，同凡演化，入母神胎，擐（huàn，变）此凡相各别。故云若见诸相非相，即见如来。”色身有相，法身无相；色身是凡夫，法身是如来。凡夫但见色身，不见法身，所以须菩提答以“不也”。又，颜丙注：“若能回光返照，得见身相无形可得，即是见自性如来。”江味农《〈金刚经〉讲义》云：“此‘身相’二字，应就众生之本身言。‘如来’二字，指众生本有之法身言。……佛意若谓：汝等众生，能就我身相见汝之本性耶？”其说亦可通。玄奘译本“身相”作“诸相具足”，含义明显。

③“见”，音译“达利瑟致”，“观视”“推度”之意。指由眼见或推想，而对某事产生一定之见解、思想、主义、主张等。

④“如来所说身相，即非身相”，如来的真实法身，犹如虚空，无所不在。但是法身无相，不生不灭，凡眼无法见到。所以说：“即非身相。”“非”者，无也。傅大士（翕）颂：“有身非觉体，无相乃真形。”南怀瑾《〈金刚经〉说什么》：“佛有三身，清净是法身，圆满是报身，千百亿形像不同是化身。”法身无相。

⑤“虚妄”，虚假、非真实。

⑥“诸相非相”，各种事物的所有相，都不是真实的本相，

都是假合变幻。江味农《〈金刚经〉讲义》云："盖如来是性体之称，必须不著相而照体，方能见之耳。"凡所有相皆是虚妄，即《心经》所说："色即是空，空即是色。"禅宗历史上有个丹霞和尚，冬天寒冷，就将木佛劈来烧了烤火。寺院住持看到了，吓得不得了，连称"罪过、罪过"。话还未落，胡子眉毛掉了个一干二净，丹霞却反而没事。这就是禅宗有名的反对著相的话头。

译文

"须菩提，你认为可以凭借佛的身相见到真性如来吗？"

"不可以，世尊，不可以凭身相见到真性如来。"

"为什么呢？"

"因为佛所说的身相，也就是非身相。"

佛告诉须菩提："凡是一切有形质的身相，都是虚妄的，不真实的。如果把各种身相都看成非身相，就能见到如来的真实法身了。"

正信希有分第六

须菩提白佛言："世尊，颇[①]有众生，得闻如是言说章句[②]，生实信不？"

佛告须菩提："莫作是说。如来灭[③]后，后五百岁[④]，有持戒[⑤]修福[⑥]者，于此章句能生信心，以此为实。当知是人，不于一佛二佛三四五佛而种善根[⑦]，已于无量千万佛所[⑧]种诸善根。闻是章句，乃至一念生净信[⑨]者。须菩提，如来悉知悉见，是诸众生得如是无量福德。何以故？是诸众生无复我相、人相、众生相、寿者相，无法相，亦无非法相[⑩]。何以故？是诸众生若心取相，则为著我、人、众生、寿者。若取法相，即著我、人、众生、寿者。何以故？若取非法相，即著我、人、众生、寿者。是故不应取法，不应取非法。以是义故，如来常说：‘汝等比丘，知我说法如筏喻[11]者。’法尚应舍，何况非法。”

注释

正信希有　《金刚经》五十三家注解题注：“生真正信向心，此人最为希有。”住相布施，住相观佛，都是凡夫的作为，而非正信的佛教。正信在于不住一切相，既不住我相、人相、众生相、寿者相，也不住法相（执著于经的言说章句）、非法相（顽空无见的空相）。筏子是渡河的用具，如果你要渡河，没有它则不能。你既然渡过河了，难道还会背着筏子上路吗？正信希有，谓其难也，不住四相已经不易，更何况进而不住法相、非法相，两边都不执著。

①“颇”，甚，很。

②“言说章句”，言语论说和经文的章节、句子，此指上文所说之道理。

③“灭”，灭度、涅槃。

④“后五百岁”，佛教认为，如来寂灭后，佛教逐渐衰微，其教法有正法、像法、末法三期变迁：一、依照教法修行，即能证果，称为正法；二、虽有教法及修行者，大多不能证果，称为像法；三、教法垂留存世，人世虽有传承，但是不能修行证果，称为末法。在三期时间的长短上，各书说法不相一致。释星云《〈金刚经〉讲话》据《大集经》解释说：“《大集经》中云，有五个五百岁。此‘后五百岁’，即指第五个五百岁。从佛陀涅槃之后算起：第一个五百年，特征是‘解脱坚固’，即是证悟解脱的人多；第二个五百年，特征是‘禅定坚固’，即是认真修行的人多；第三个五百年，特征是‘多闻坚固’，多闻的人多，真修

真学的人少；第四个五百年，特征是‘塔寺坚固’，即是塔寺很多；第五个五百年，特征是‘斗争坚固’，即是是非纷争非常多。第一与第二个五百年合起来是‘正法时期’，一千年；第三与第四个五百年合起来是‘像法时期’，一千年；第五个五百年又叫‘末法初期’，也就是我们20世纪所处的时期，距佛涅槃有两千年，是属于‘末法时期’一万年中的最初五百年。”

⑤“持戒”，即护持戒法，对于佛陀所制定的戒法不相触犯。与‘破戒’相对称。音译“尸罗”，为“六波罗蜜”之一。所持戒品，分在家、出家及声闻、菩萨等。有为在家男女信众所受持“五戒”，即不杀生，不偷盗，不邪淫，不妄语，不饮酒。而在家众于一日一夜持“八斋戒”，即除上面五戒外，另加身不涂饰香鬘；不自歌舞和不观听歌舞；不睡或坐高广华丽的大床；不过中食。而出家众则烦难严格得多，如《四分律》载，比丘具足戒有二百五十戒，比丘尼具足戒有三百四十八戒。由于戒律甚多，护持戒法很难，佛律为严诫犯戒，设有“波罗夷”“僧残”等制裁方式（已见上说）。

⑥“修福”，修持获福。

⑦“善根”，又作“善本”“德本”，即产生诸善法的根本，即能生起善思想行为。《维摩经·菩萨行品》曰：“不惜躯命，种诸善根。”若纳注：“显其已多种善根者，见佛多，闻法多，修行多也。”

⑧“佛所”，佛所在之处，即佛国、佛土。

⑨“净信”，清净的信念。李文会注：“无诸妄念，心常清净，敬信其法。”

⑩“法相”，各类法所具的特质，以区别于其他事物。《大乘义章》二云：“一切世谛有为、无为，通名法相。”肇法师（僧肇）注：“‘无法相’者，明法非有，遣著有心也；‘亦无非法

相’者，明法非无，遣著无心也。”若取法相，则滞于法，落于有见；若取非法相，则泥于空，落于断见。无论取法相或取非法相，都著我、人、众、寿者。只有两边都不执著，才合乎中道，使自性清净，不染纤尘。

⑪“筏喻”，“筏”用竹、木编扎成的渡水工具。《广韵·月韵》：“筏，大曰筏，小曰桴，乘之渡水。”“筏喻”，渡水需筏，既渡则舍。比喻若是依法得度后，一登涅槃彼岸，就不应对法执著拘泥。王日休注引傅大士颂：“渡河须用筏，到岸不须船。”颜丙注：“人未出生死爱河，须假佛法方得渡脱。法亦当舍，所以赵州（从谂）道：‘佛’之一字，吾不忍闻。佛法尚应舍，何况非佛法。”说明佛法亦不可执著。

译文

须菩提对佛陀说：“世尊，很有些众生听到佛陀刚才所讲的道理，那他们还能真实信佛吗？”

佛陀告诉须菩提说：“不要这样说。我寂灭过后五百年，还会有修持获福得果的，对我刚才说的道理能生信心，会认为它们真实可信。应当知道，这些人不是从一位佛、两位佛，乃至三四五位佛那儿，培植了自己的善性，而是从无数无量位佛那儿，培育了种种善根，他们闻说我刚才所讲的道理，将在一念之间产生清净的信念来。须菩提，我全都能知能见，这些众生会修得这般不可估量的福德。”

“为什么呢？”

“这些人不再存有我相、人相、众生相、寿者相，也不执著佛法的相状，或非佛法的相状。”

“那是为什么？”

“这些人如果心中还存取外相，那就是心向外求，而不了悟心中无相，自性清净的真谛，就是执著于我相、人相、众生相、寿者相。如果心中有着佛法的相状，也会执著于自我、他人、众生、寿者的相状了。”

“那又是为什么？”

“如果心中没有佛法的相状，也会执著于自我、他人、众生、寿者相。因此，我们既不应该执迷于佛法，也不应该沉湎于非佛法。因为这个缘故，我常说，你们这些比丘，应当知道我所说的佛法，就如同渡河的木筏，既渡过了河，就不要管它了。对佛法尚且应该这样，何况对于非佛法呢！”

无得无说分第七

“须菩提，于意云何？如来得阿耨多罗三藐三菩提耶？如来有所说法耶？”

须菩提言：“如我解佛所说义，无有定法名阿耨多罗三藐三菩提，亦无有定法[1]如来可说。何以故？如来所说法，皆不可取、不可说[2]，非法、非非法[3]。所以者何？一切贤圣[4]，皆以无为法[5]而有差别。”

注释

无得无说　《金刚经》五十三家注解题注：“当体空寂，无物可得。凡有言说，皆为剩语。”“剩语”，多余的话，废话。在生起对佛法的真实信心后，佛陀继以“无得无说”，破除凡夫对佛相、法相的执著。菩提正觉，本无定法。佛陀说他于法既无证悟，也没有什么可以传授。说法者既无得无说，听闻者当也无取无得。真理实相即其清净自性，乃色、空不二，而一切贤圣都是离开语言文字，从无为法而自觉其真谛。所以经颂说：“有心俱是妄，无执乃名真。若悟非非法，逍遥出六尘。”

①“定法”，固定实在的法门。是谓佛陀对不同对象“应机而酬，随扣而答”，对病用药，无有定法，极尽变通。如来所说法，如人饮水，冷暖自知。《维摩经》云：“佛以一音演说法，众生随类各得解。皆谓世尊同其语，斯则神力不共法。”

②“不可取、不可说”，李文会注：“‘不可取’者，空生（须菩提）深恐学人不悟如来无相之理；‘不可说’者，深恐学人执著如来所说章句也。”

③“非法、非非法”，李文会注：“‘非’者，无也；‘非非’者，不无也。”陈雄注：“如来所说，无上菩提法也。……是法也，微妙玄通，深不可识。一以言有也，虽有而未尝有；一以言无也，虽无而未尝无。此非法、非非法之意。真空不空，其若是乎?”谢灵运注：“非法则不有，非非法则不无，有、无并无，理之极也。”江味农《〈金刚经〉讲义》：“非法，非非法，即是空、有俱空之清净心，亦即无为法。空、有俱空，则心行处灭，言语道断，故曰不可取，不可说。”

④“贤圣”，贤人与圣人的并称。或谓修行佛道，达于见道以上之阶位者，称为圣；而未达见道，仅离恶者，则称为贤。或谓以有漏智（烦恼未断尽的世间智慧）修善根者，称为贤者；以无漏智证见正理者，称为圣者。王日休注：“其言‘贤圣皆以无为法而有差别’何哉？盖谓于无为法得之浅者则为贤人，若须陀洹（罗汉果初果）之类是也；得之深者则为圣人，若佛与菩萨是也。”

⑤“无为法”，永远不变而绝对存在者。即非由因缘所造作，离生灭变化而绝对常住之法。“无为”一词源出《老子》：“道常无为，而无不为。”道家意指顺从自然的发展而自化，不加人为的影响和干预。佛教则指离因缘和合，无所造作的现象。相对的是“有为”，不仅指人的一切造作行为，也指一切处于相互联系、

生灭变化中之现象，而以生、住、异、灭为其特征。《疏钞》注："未了人空、法空，皆名执著；了此二法，即曰无为。"

⑥"一切贤圣，皆以无为法而有差别"，无论是佛，是菩萨，还是哪个阶位的修行者，都是修持无为法而得果，只是性有利钝，学有浅深，故获得的成就有所差异。

译文

"须菩提，我再问你，我已大彻大悟成佛了吗？已经证得无上正等正觉了吗？我说过什么样的佛法了吗？"

须菩提说："如果按照我的理解，如来所说过的义理，就没有一种名无上正等正觉的固定法，也没有一种固定的法可让您来说。"

"为什么这样说呢？"

"如来所说的法，没有定相，没有实体，都不能死板固执，也无法用语言表达。如来所说，既无佛法，法本不有；也并非无佛法，法本不无。"

"为什么是这样呢？"

"因为所有成贤成圣的修证者，都是遵循如来无为法的原理，而又没有固定的修持方法，只是各人所理解和修持的不同，才存在不一样的差别。"

依法出生分第八

"须菩提，于意云何？若人满三千大千世界①七宝②，以用布施，是人所得福德宁为多不③？"

须菩提言："甚多。"

世尊："何以故？"

“是福德，即非福德性[④]，是故如来说福德多。若复有人，于此经中受持[⑤]，乃至四句偈[⑥]等，为他人说，其福胜彼。何以故？须菩提，一切诸佛，及诸佛阿耨多罗三藐三菩提法，皆从此经出[⑦]。须菩提，所谓佛法者，即非佛法[⑧]。”

注释

依法出生　《金刚经》五十三家注解题注：“诸经所依之法，尽从此经生出。”般若智慧，是三世（过去、现在、未来）诸佛之母，也是一切佛法的本源。因为诸佛由般若智证真如之理，亦即先以般若为师，所以说诸佛从此经生；又诸佛所证真如之理，起般若方便智，为众生说法，此经又为诸法之师，所以又说诸法从此经出。般若产生出一切佛的佛法，可是般若又并不是佛法。即本来无所谓佛法，只不过假名为“佛法”而已。也就是《老子》所说的，“大道无名，强名曰道”之意。

①“三千大千世界”，即“大千世界”。“世界”梵语音译“路迦驮睹”，意谓可以毁坏的处所。据《楞严经》卷四载，“世”即迁流之义，即在时间上有过去、现在、未来三世之迁流；“界”指方位，空间上有东南西北上下十方等定位场所之意。古印度的宇宙论，即以须弥山为中心，加上围绕其四方之九山八海、四洲及日月，合为一单位，称为一世界；合一千个一世界，为一小千世界；合一千个小千世界，为一中千世界；合一千个中千世界，为一大千世界。一个大千世界包含小、中、大三种“千世界”，故大千世界又称为“三千大千世界”。宇宙就是由无数个三千大千世界构成，所以佛教经典有“恒河沙数三千大千世界”之说。

②“七宝”，七种珍宝。各经说法不一，《阿弥陀经》谓为：金、银、琉璃、玻璃、车渠、赤珠、码瑙；《法华经》则以金、银、琉璃、砗磲、码瑙、真珠、玫瑰为七宝。《般若经》则以金、

银、琉璃、砗磲、玛瑙、琥珀、珊瑚为七宝。

③“宁为多不”，“宁”字多家解释为“岂，难道”，那么，“宁为多不”就成反诘句了。而下文明言“是故如来说福德多”，乃是肯定的意思。因此，此处“宁”依《汉语大字典》读 níng，释为“必定”，刘淇《助字辨略》卷二：释《三国志》例：“此‘宁’字，犹云‘定’也，言决定能如此也。”又《汉语大辞典》读 nìng，“反训”释为“犹言岂不，难道不”，也可通。“不”同“否”。又，王日休注：“‘宁为多乎’者，此‘宁’字，乃译师之言，盖若助辞耳，不必深考也。”“助辞”说亦可通，为肯定之语气助辞，与以上二说不相违。但谓为“译师之言”，似难成立。

④“即非福德性”，意谓以财宝布施，此福德为事福，而不能明心见性。慧能注：“心依佛教，行同佛行，是名福德性。”李文会注：“住相布施，即非福德性；若人心无能所，识心见性，方名福德性也。”江味农《〈金刚经〉讲义》云：“凡物之大小、长短、高低、远近、表里，有对待者皆是相。相有变动，是虚妄。性则不动，是空寂。故就性上言，一切不可说。须菩提意谓若是福德之相可以说多，即非福德之性。”又云：“盖性是里，相是表。性是本，相是末。有里方有表，有本方有末。意谓有如来之性，方有福德可说。若无性，则有何福德可言？是福德即非福德性，表面说是福德，实指示我们不可著相。”释星云《〈金刚经〉讲话》：“如果从性上说，没有所谓福德的名称，哪里有多和少可说呢？佛陀不过是随顺世俗，说七宝的布施，所获的福德是很多。”本经凡说“即非”，皆是指性而言。凡说“是名”，皆指相而言。

⑤“受持”，指对于佛经承教领受并修持不怠。《胜鬘宝窟》上本云：“始则领受在心，曰‘受’；终则忆而不忘，曰‘持’。”

⑥“四句偈（jì）”，“偈”，梵语“偈佗”的简称，译义为

“唱颂”。不论三言、四言乃至多言，要必为四句，故称“四句偈”。《天台仁王经疏》中去：“偈者，竭也。摄义尽，故名为偈。”经中所提及的“四句偈”有多种说法，究竟是哪四句，古来议论很多。或说是“若以色见我，以音声求我，是人行邪道，不能见如来”，或说是“一切有为法，如梦幻泡影，如露亦如电，应作如是观”，不一而足。不必刻意去分别是哪四句。唐玄宗注：“三千七宝虽多，用尽还归生灭。四句经文虽少，悟之直至菩提。”

⑦“皆从此经出”，僧若纳注：“‘皆从此经出’者，非指此一经文句语言，乃指实相般若。”

⑧“所谓佛法者，即非佛法”，一切佛皆由般若（妙智慧）而生，般若乃是诸佛之母。因此，般若产生出一切佛的佛法，可是般若又并不是佛法。本来无所谓佛法，不过假名为“佛法”。所以说：“所谓佛法者，即非佛法。”李文会注：“‘所谓佛法者’，乃上文所谓阿耨多罗三藐三菩提法也。佛恐人泥于有此佛法，故云所谓佛法者，非有真实佛法，盖虚名为佛法而已。盖谓佛法本来无有，惟假此以开悟众生耳。是于本性中，非为真实也。”按，江味农《〈金刚经〉讲义》“佛法”二字，于中间顿开，“谓我上面所说一切诸佛，及诸佛阿耨多罗三藐三菩提法，是就名相上说佛与法，即非就性上说佛与法”。

译文

“须菩提，你认为如何：倘若有人，将满三千大千世界的金、银、琉璃、砗磲、玛瑙、琥珀、珊瑚七宝，用作布施，此人所获得的福德，那应该是很多了罢？”

须菩提回答说：“相当多啊，世尊。”

“为什么呢？”

“因为这种福德是有相布施，并不是自性的智慧福德。因此我说那人能获得的福德多，但只是事相，而非福德性。”

“如果有人能受教《金刚经》，并且修持不怠，乃至只是其中的四句偈颂等，又给他人宣说义理，解脱他人世间烦恼，他所获得的福德就会超过上述布施的人。”

“这是什么缘由呢？”

“须菩提，一切的佛，以及所有佛的无上正等正觉的智慧，都是从此经般若智慧中出来的。须菩提，所谓的佛法，就非是佛法。”

一相无相分第九

“须菩提，于意云何？须陀洹[①]能作是念：‘我得须陀洹果[②]’不？”

须菩提言：“不也，世尊。”

“何以故？”

“须陀洹名为‘入流[③]’，而无所入[④]，不入色声香味触法，是名须陀洹。”

“须菩提，于意云何？斯陀含[⑤]能作是念：‘我得斯陀含果’不？”

须菩提言：“不也，世尊。”

“何以故？”

“斯陀含名‘一往来’，而实无往来[⑥]，是名斯陀含。”

“须菩提，于意云何？阿那含[⑦]能作是念：‘我得阿那含果’不？”

须菩提言：“不也，世尊。”

“何以故？”

“阿那含名为‘不来’，而实无不来[8]，是故名阿那含。”

“须菩提，于意云何？阿罗汉[9]能作是念：‘我得阿罗汉道’不？”

须菩提言：“不也，世尊。”

“何以故？”

“实无有法名阿罗汉。世尊。若阿罗汉作是念：我得阿罗汉道。即着我、人、众生、寿者。世尊，佛说我得无诤三昧[10]，人中最为第一，是第一离欲[11]阿罗汉。世尊，我不作是念：我是离欲阿罗汉。世尊，我若作是念：我得阿罗汉道。世尊则不说须菩提是乐[12]阿兰那[13]行者[14]。以须菩提实无所行，而名须菩提是乐阿兰那行[15]。”

注释

一相无相　《金刚经》五十三家注解题注：“只这一相，本自无形。”以上说到对佛法不可执著，以下又说对阿罗汉四果也不可执著。圣人无我、无相、无得、无念，才是无为法，依此而修，方能得证圣果。若是起心动念，谓有所得，即是有为，即为凡夫。般若实相者，非有相，非无相；非一相，非异相。离一切相，即是实相。凡所有相，都是虚妄；离一切相，即一切法。

①“须陀洹（huán）”，梵语译音，具称“须陀般那”“窣路多阿半那”“窣路陀阿钵囊”。义为“预流”或“入流”。乃了断三界（欲界、色界、无色界）见惑（有身见、边见、见取见、邪见、戒禁取见等“五见”，是对世界或人生等外部境界，在思想观念上或学识上所产生的种种误解）者的果位，为小乘声闻所得四种证果之初果。得此果位，便称“初果阿罗汉”。须陀洹乃悟到了佛陀苦、集、灭、道“四谛”真理，即关于人生的真实状况及其解脱的道路。所谓“苦谛”，是说人生存在的本质为苦，既

包括肉体的精神的痛苦，也包含生命中永远无法满足的企望，追求及其挫折，以及关于生存的焦虑。所谓“集谛”，是指烦恼与业为人生痛苦的根源。所谓“灭谛”，揭示世间诸苦可以断灭，超越生死轮回，而达于清净的涅槃境界。所谓“道谛”，即断灭惑业烦恼，趣向涅槃解脱，依之修行的“八正道”：正见、正志、正语、正业、正命、正方便、正念、正定。见惑能在知苦、断集、证灭、修道的过程中不断地断灭。

②“果”，原义为草木果实。引申指事情的结局或结果。佛教则称通过修行或其他业力，所要达到的阶位或果报。须陀洹是由道力而证得，乃称圣果；而六道轮回，则为苦果。

③“入流”，意谓脱出凡夫而入于圣人行列。陈雄注：“夫‘入流’者，初入其门，得预圣人之流也。”

④“名为入流，而无所入”，谓见惑已断，心无所取，不执著色、声、香、味、触、法等六尘诸相，不随六尘流转。情识能空，所以假名入流，而实无所入。若是真有所入，则不能得初果。南怀瑾《〈金刚经〉说什么》说：“所谓的入流，反而无所入。换言之，他证到空的境界，就是缘起不起了，缘起性空了，也就是证到了性空，念念都是空的境界。”

⑤“斯陀含”，又音译作“沙羯利陀伽弥”，意译作“一来”或“一往来”，是声闻所证四果之第二果名。故得此果者，称“二果阿罗汉”。即得预流果后，又断欲界九地修惑（修道中断灭的贪嗔痴等迷妄之惑）中的前六品，还剩余后三品者。所余的三品修惑，有待由天上回到人间，一返生死，方能了断，故称“一来”，即一度往来之意。至此以后，不再受生。

⑥“实无往来”，其实没有所谓的“斯陀含”果。“往来”，即斯陀含。若是有一往来的念头，就是著了往来相。既已著相，初果尚不能得，何况二果。

⑦“阿那含”，又译作“阿那伽弥”“阿那伽迷”，意译为“不还”或“不来”，是声闻所证四果中的第三果名。故得此果者，又称“三果阿罗汉”。阿那含断尽欲界烦恼，断尽九品思惑，未来当生于色界、无色界，不再生于欲界，故称“不来”。

⑧“实无不来”，其实没有所谓的“阿那含”果。“不来”，即阿那含。阿那含已经没有了来与不来之念，若是情识尚在，前果便不应有。

⑨“阿罗汉”，又译作“阿卢汉”“阿啰呵”“遏啰曷帝”等，略称“罗汉”“啰呵”，意译“应供”“应真”“杀贼”“不生”“真人”等。是小乘声闻所证四果的最高果名。一者杀贼，即杀尽烦恼之贼；二者应供，当受人天供养；三者不生，永入涅槃，不再受生死果报，超出六道轮回。《智度论》三云：“‘阿罗’名‘贼’，‘汉’名‘破’。一切烦恼破，是名阿罗汉。复次，阿罗汉一切漏尽，故应得一切世间诸天人供养。复次，‘阿’名不，‘罗汉’名生，后世中更不生，是名阿罗汉。”它通摄三乘无学（学道圆满，不更修学）果位，故也为佛的异名，是如来十号之一。阿罗汉证得无生法忍，不受后有，生死已了。倘有无生之念，说明心里有法相；既有法相，即著我人等相，依然为凡夫。

⑩“无诤三昧”，意指无诤的真谛或精妙之境。“诤”，争执，争競。玄应《一切经音义》卷一引《苍颉篇》上：“诤，讼也。”“无诤”，即不与物竞，一切平等。“三昧”，梵文译音，又译“三摩地”，意为“正定”，“正心行处”，即摒除杂念，心不散乱，专注一境，远离邪见。《大智度论》卷七：“何等为三昧？善心一处住不动，是名三昧。”元贤《金刚经略疏》谓：“无诤三昧者，以其（须菩提）解空，则彼我俱忘，能不恼众生，亦能令众生不起烦恼。”王日休注：“世人不知此理，乃谓三昧为‘妙趣’

之意，故以善于点茶者，谓得点茶三昧；善于简牍者，谓得简牍三昧。此皆不知出处。”

⑪“离欲”，离贪欲、淫欲等，即断尽三界烦恼。《四十二章经》云：“离欲寂静，是最为胜。”

⑫“乐”，爱好，音 yào。旧注：“乐，音效。”

⑬“阿兰那”，或译“阿兰若”，梵语译音，是“寂静地”“无诤地”的意思。陈雄注：“‘阿兰那’，梵语，‘无诤’之谓也。”

⑭“行者”，修行佛道者。陈雄注：“夫萌于心者曰念，见于修为者曰行。”《释氏要览》上云：“经中多呼修行人为行者。”

⑮“以须菩提实无所行，而名须菩提是乐阿兰那行”，颜丙注：“若阿罗汉生一妄念，作有所得想，即著四相。”若生心动念，即有所求，有所得，即是有诤心，而无由得三昧了。须菩提无所用心，无求、无行、无得，相尽于外，心息于内，内外俱寂，无时不静，故能真得。

译文

“须菩提，我再问你，初果阿罗汉须陀洹，能认为自己已修得须陀洹果了吗?”

须菩提说：“不能的，世尊。”

“为什么?”

“须陀洹证得的是入流果，然而却无所入，不曾入色、声、香、味、触、法六尘，不过且名为须陀洹。”

“须菩提，你再想想，二果阿罗汉斯陀含，能认为自己已修得斯陀含的果位吗?”

须菩提说：“不可以，世尊。”

“为什么?”

“斯陀含其名‘一往来’，然而心里实无往来与否之念，因此

也只是假名为斯陀含。”

“须菩提，三果阿罗汉阿那含，能有我已获得阿那含果吗?”

须菩提答道：“不能，世尊。”

“为什么?”

“阿那含虽然名为‘不来’，说是不需轮回，而实际上来与不来，已经已然忘怀，因此阿那含只是个不来的空名。”

“须菩提，我再问你，阿罗汉能认为自己已经修行到达不再生死轮回这种境界吗?”

须菩提说：“不能这样认为，世尊。”

“为什么呢?”

“实际上没有什么阿罗汉法，阿罗汉也只是个名称。世尊，阿罗汉已经证得无生法忍，不受后有。若是认为自己修成了阿罗汉，那他仍住于法，有分别心，即有我相、人相、众生相、寿者相。世尊，您曾说我已证到无诤的真谛，人中最为第一，是超出欲界的阿罗汉。世尊，我不曾有这种念想：我是超出欲界的阿罗汉了。世尊，我倘生起这种心念：我已修到了阿罗汉境界了。您就不会说我是爱好阿兰那的修行者。因为我实际上不曾有意修习什么，只是得了个须菩提爱好阿兰那行的名义而已。”

庄严净土分第十

佛告须菩提：“于意云何？如来昔在然灯佛[①]所，于法有所得不?”

“不也，世尊，如来在然灯佛所，于法实无所得[②]。”

“须菩提，于意云何？菩萨庄严佛土[③]不?”

“不也，世尊。”

“何以故?”

“庄严佛土者，即非庄严，是名庄严。”

“是故须菩提，诸菩萨摩诃萨，应如是生清净心，不应住色生心，不应住声香味触法生心，应无所住而生其心[④]。须菩提，譬如有人，身如须弥山王[⑤]，于意云何，是身为大不?”

须菩提言：“甚大，世尊。”

“何以故?”

“佛说非身，是名大身[⑥]。”

注释

庄严净土　《金刚经》五十三家注解题注：“成说庄严，净明心地。”“净土”，指菩提修成的清净处所，为佛居住之所在。而众生居住之所，有烦恼污秽，称“秽土”。阿罗汉四果无可得，圣果亦无可得，若谓有得，即是住相。圣贤的名称，皆为假名，乃假有为法而显无为法，破除有果可证的妄念。所谓“庄严净土”，并非是指凡夫眼中所见的色相庄严，比如寺庙金碧辉煌之类，而是指那种无色相可观、无形质可取的法性庄严，。

①“然灯佛”，音译“提和竭罗”“提洹竭”。又作“燃灯佛”“普光佛”“锭光佛”。“然”与“燃”通。“锭”，亦灯义。慧琳《一切经音义》卷四十九引《文字典说》：“‘锭’，灯也。又烛台。”然灯佛乃过去世的佛，曾经为释迦菩萨授记，预言未来世将作佛。《智度论》九云：“如然灯佛，生时一切身边如灯，故名然灯太子。”作佛亦名然灯。《修行本起经》卷上载，提和卫国有圣王，名灯盛。王临命终时，将国付托太子锭光（即然灯）。太子知世之无常，复授国于其弟，而出家为沙门，后成佛果。时有梵志（婆罗门。志求住无垢清净得生梵天，故有此称）儒童（少年），值遇锭光佛游化，买花供佛，佛为儒童授来世成道之

记，此儒童即后来的释迦牟尼佛。

②“如来在然灯佛所，于法实无所得”，《弥勒颂》云：“佛于然灯语，不取理实智，以是真实义，成彼无取说。”李文会注：“‘于法实无所得’者，须菩提谓如来自性本来清净，而于然灯佛所于法实无所得。”无得即无心，无心方合道，无得才名之为得法；有得即有心，有心即是妄想，不得说于法有所得。

③“庄严佛土”，“佛土”，佛国土地，佛世界。佛教认为，宇宙间有无数世界，每一世界都有一佛教化众生。庄严佛土，谓以布列众宝、杂花、宝盖、幢、幡、璎珞等，以装饰严净道场或国土等，如《阿弥陀经》所形容。又，佛菩萨等以功德成就严饰其身格，也称庄严。《探玄记》三云：“‘庄严’有二义：一是具德义；二交饰义。”陈雄注：“《维摩诘经》云：‘随其心净，则佛土净。’盖此心清净，便是庄严佛土，奚以外饰为哉。”李文会注：“‘庄严佛土’者，谓造寺、写经、布施、供养，此是著相庄严。若人心常清净，不向外求，任运随缘，一无所得，行住坐卧与道相应，是名庄严佛土。”释星云《〈金刚经〉讲话》：“菩萨庄严佛土，只是权设方便，度化众生，若存有庄严清净佛土的心念，便是著相执法，就不是清净心。著相的庄严佛土，便落入世间的有漏福德，即非真正庄严佛土。‘庄严’二字，只是为了度化众生，权立一个名相而已。”

④“无所住而生其心”，所谓“生心”，即生清净心，生无住心。虽生而无住，说明其生即无生，即是不住于生心。江味农《〈金刚经〉讲义》：“所谓‘生’者，乃是任运而生。所谓‘无住’者，无妨随缘而住。随缘而住者，无心于住，虽住而实无所住也。任运而生者，法尔显现，曰生而实无所生也。果能如是，则法法都显无住真心，物物莫非般若实相。”

⑤“须弥山”，又译作“苏迷卢山”“须弥卢山”等，意为

“妙高山”“好光山”“善积山”。原是印度神话中山名，为佛教沿用。谓是耸立于一小世界中央的高山，周围有八山、八海环绕，而形成一世界（须弥世界）。据《长阿含经》卷十八“阎浮提洲品”载，须弥山高出水面八万四千由旬（由旬，印度计算里程的单位，指公牛挂轭行走一日之旅程），水面之下亦深达八万四千由旬。其山直上，无所曲折，山中香木繁茂，山四面四埵突出，有四大天王之宫殿，山基有纯金沙。此山有上、中、下三级七宝阶道，夹道两旁有七重宝墙、七重栏楯、七重罗网、七重行树，其间之门墙窗栏树木等，皆为金银水晶琉璃等所构成。花果繁盛，香风四起，无数奇鸟相和而鸣，众多鬼神居住其中。须弥山顶有三十三天宫，为帝释天居住之处。据《立世阿毗昙论》卷二“数量品”记载，以须弥山为中心，外围有八大山、八大海环绕。第七山外有碱海，其外有铁围山。碱海中之东西南北四方，有四大部洲。据《大唐西域记》卷一等书载，四洲为东胜身洲、南赡部洲、西牛货洲、北俱卢洲。众生即居住在南面之南赡部洲。因为须弥山最高，故称“须弥山王”。

⑥“佛说非身，是名大身”，法身无相，故云非身；其能包容太虚，周藏法界，是名大身。陈雄注：“非身者，法身也，真心也。文殊菩萨问世尊：何名大身？世尊曰：非身是名大身。具一切戒定慧，了清净法，故名大身。”

译文

佛对须菩提说：“你是怎样看待的，当初我在然灯佛那里，得到过什么佛法吗？”

“没有。世尊，您在然灯佛那里，确实未曾获得佛法。”

“须菩提，我问你，菩萨使用过什么来庄严佛土吗？”

“没有，世尊。”

“为什么呢？”

“说是庄严佛土，就是非庄严，所以才名叫庄严。”

“因此，须菩提，各位大菩萨都应该这样修持清净心，不应当顾恋色而起妄念，不应该顾恋声、香、味、触、法而起妄念。应该无所执著，葆有自性洁净心。须菩提，比方说有个人，身体像须弥山那般高大，你认为这身形高大不？”

须菩提答道：“很高大啊，世尊。”

“为什么呢？”

“佛说，所谓大身，并非大身，只是假名大身而已。可见到的身相，并不是真实法身；法身包太虚而无外，又哪有相状可见呢。”

无为福胜分第十一

“须菩提，如恒河[①]中所有沙数，如是沙等恒河，于意云何？是诸恒河沙，宁为多不[②]？”

须菩提言：“甚多，世尊。但诸恒河，尚多无数，何况其沙。”

“须菩提，我今实言告汝，若有善男子善女人，以七宝满尔所恒河沙数三千大千世界，以用布施，得福多不？”

须菩提言：“甚多，世尊。”

佛告须菩提：“若善男子善女人，于此经中，乃至受持四句偈等，为他人说，而此福德胜前福德[③]。”

注释

无为福胜　《金刚经》五十三家注解题注：“现成公案，不假施为。”“公案”是指禅宗将高僧的言行记载下来，作为修行坐禅者之指示，或作为座右铭。“施为”，施设，作为。此分是说所谓的“福德”分两种：一是有为的福德，一是无为的福德。有为的福德，即多作善事多增福德，少作善事即少增福德。以财宝布施即是。无为福德，不带有任何目的和造作，乃是本性自具，不假修证。受持本经，体悟并宣教般若无住真理，就是无为的福德。无为福德，远胜过有为福德。肇法师注《金刚经》：“佛尝言：财（施）有尽，法施无穷。”

①“恒河”，为印度三大河流之一，河名本意为“由天堂而来”。发源于西藏冈底斯山脉，在喜马拉雅山顶高处，向东南奔流八百公里，于东孟加拉国国与布拉马普得拉河会合，流入印度洋。两岸为神圣的朝拜地区，河岸两旁建筑无数寺庙，各教教徒常至此巡礼。佛陀亦曾在此宣说妙法，是他及其弟子重要活动区域。玄应《一切经音义》卷二十四谓，恒河之河沙至细，随水而流，以手掬水，沙满手中，若急把沙，还随水出。所以佛经中屡见以恒河之沙，比喻难以算计之数。此河俗称“福水”，或“福德吉河”，人们认为以河水沐身，可除罪垢。《大唐西域记》卷四“窣禄勤那国”条：“彼俗书记谓之福水，罪咎虽积，沐浴便除。轻命自沉，生天受福。死而投骸，不堕恶趣。扬波激流，亡魂获济。”

②“宁为多不”，王日休注：“‘宁’字，儒家训‘岂如此’，乃译师用字，止如助字，然不须深考也。”其说非是，已见上注。

③“于此经中，乃至受持四句偈等，为他人说，而此福德胜前福德”，受持，属自度。为他人说，是度他。自度、度他，乃菩萨行，所以福德极大。

译文

“须菩提，就如恒河中所有沙粒，每一粒沙看做一条恒河。你想想，如此多的恒河中的所有沙粒，一总加起来定会很多罢？”

须菩提说：“那是很多，世尊。只算恒河数量就多得无法计算了，更何况这么多恒河沙的数量呢！”

“须菩提，我现在实话告诉你：如果有善男善女，用可以填满你所住的像恒河沙数那样多的三千大千世界的七宝作布施，他们所得到的福德多不多呢？”

须菩提回答说：“很多啊，世尊。”

佛陀告诉须菩提：“假如善男善女在这部《金刚经》里，不要说向他人宣论全部经文，乃至只是领受执持四句偈语等，给他人解说义理，他所能获到的福德，就胜过用那么多七宝布施所得的。”

尊重正教分第十二

“复次，须菩提，随说[①]是经，乃至四句偈等，当知此处，一切世间[②]天[③]、人[④]、阿修罗[⑤]，皆应供养[⑥]如佛塔庙[⑦]，何况有人尽能受持读诵。须菩提，当知是人，成就最上第一希有之法。若是经典所在之处，即为有佛，若[⑧]尊重弟子[⑨]。”

注释

尊重正教　《金刚经》五十三家注解题注：“受持正教之人，天人皆生敬重。”“正教”，指如来的般若法门。此分延伸前文，有为的七宝布施，不如无为的受持宣教，七宝再多也终有限量，而法音的流布则无穷无尽，所以所获福德无量，受到天、人敬重。

①“随说”，随顺而说。陈雄注：“‘随说’者，随顺众生而说也。”圆瑛《〈金刚般若波罗蜜经〉讲义》云：“随说者，人不拣圣凡，义不论前后，文不定多寡，处不拘静闹。”又，王日休注：“谓随其所在之处，乃一切处也。”

②“一切世间”，一佛施行教化的范围，称为“一佛土”或“一世界”，乃指三界的有为世界。“世间”与“世界”同义。住在同一世界中的有情众生，可分类为地狱、饿鬼、畜生、阿修罗、人、天等六道。其中前五道所住之世间，称为欲界；而天道之中，有色天所住之世间，称为色界；无色天所住之世间，称为无色界。

③“天”，天道。指在迷界的六道众生，最高而最胜的一类，即住于欲界六天及色界诸天的有情。据佛经记载，天的世界乃是距离地面遥远的上方。由下向上，有“六欲天”，即属于欲界的六天，依次为四大王众天（又称四天王；持国天、增长天、广目天、多闻天等及其眷属之住所）、三十三天（又称忉利天；此天之主称释提桓因，即帝释天）、夜摩天（又称焰摩天、第三焰天）、睹史多天（又称兜率天）、乐变化天（又称化乐天）、他化自在天（又称第六天、魔天）。属色界之天可大别为四禅天，总共有十七天，即初禅天，有梵众天、梵辅天、大梵天等三天；第二禅天，有少光天、无量光天、极光净天等三天；第三禅天，有少净天、无量净天、遍净天等三天；第四禅天，有无云天、福生天、广果天、无烦天、无热天、善现天、善见天、色究竟天（阿迦尼吒天）等八天。初禅天、第二禅天、第三禅天所属的九天，都是生乐受乐之天，故称乐生天。大梵天又称梵天、大梵天王，与帝释天并称为“释梵”；若再加四天王，则称“释梵四王”，均为守护佛法的善神。又如四天王、帝释天及大梵天率领众多天众，故称天王。

④“人”，人道。六道之一。

⑤“阿修罗”略称“修罗”。意译为非天、非同类、不端正。阿修罗为古印度诸神之一，属于战神一类，而与帝释天争斗不止。阿修罗的形象丑陋，据《增一阿含经》卷三“阿须伦品”等

经载，其身形广长八万四千由旬（一由旬指帝王一日行军之路程），口纵广千由旬。有九头千眼，口中出火，九百九十手，六足，身形为须弥山之四倍等多说。有关阿修罗的业因，各经多举出嗔、慢、疑等三种。

⑥“供养”，本义是以生活物资奉养长上或自奉，而佛教谓资奉三宝以香花、灯烛、饮食、资财等物，谓之供养。又分财供养和法供养二种，《集异门论》卷二云：“供养云何？答：供养有二种：一财供养，二法供养。”

⑦“塔庙”，佛教之塔及寺院，塔为供奉或收藏佛舍利（佛骨）、佛像、佛经、僧人遗骨等的建筑，庙则供奉有各种佛像。源于印度的“窣堵波”，是用泥土砖石垒筑的高冢，呈半球形，下有台基，外设围栏，开列四门，并饰有雕刻。窣堵波在早期是被作为佛陀涅槃的象征，用于顶礼膜拜。随着佛教传播，窣堵波的建筑形式也异彩纷呈。《西域记》一云：“窣堵波，即旧所谓浮图也。”《玄应音义》六云：“正言‘窣堵波’。此译云‘庙’，或云‘方坟’，此义翻也。或云‘大冢’，或云‘聚相’，谓累石等高以为相也。”

⑧“若”，和，与。

⑨“尊重弟子”，备受尊重的弟子们。佛陀弟子道尊德重，能为天王大人之所敬奉。如陈如为梵王所师，迦叶为帝释所师。王日休注：“‘尊重弟子’，谓弟子之可尊可重者。”“弟子”，音译“室洒”，意译“所教”，即从其师受教的人。佛陀在世时，如阿难等随侍的声闻；佛陀入灭后，信奉佛教的比丘、比丘尼、优婆塞、优婆夷等，皆称为佛弟子。“弟子”的语义，据慧远《维摩经义记》卷二本载，学于佛陀之后，故称弟；闻佛法之教化而生解，故称子。

译文

接着，佛陀又说："须菩提，如果人们随所在处解说《金刚经》，甚至只是其中的四句偈等，应当知道这个地方，所有一切世间的天、人和阿修罗"三善道"，都应当像供养佛塔庙宇一样供养。何况有人，能够受持读诵全部佛经。须菩提，应当知道，此人是成就了最高的、第一的、最罕见的佛法。如果存有这部经典所在的地方，就是有佛的地方，和佛的受到普世尊重的弟子的地方。"

如法受持分第十三

尔时，须菩提白佛言："世尊，当何名此经，我等云何奉持？"

佛告须菩提："是经名为'金刚般若波罗蜜'，以是名字，汝当奉持。所以者何？须菩提，佛说般若波罗蜜，即非般若波罗蜜，是名般若波罗蜜[①]。须菩提，于意云何？如来有所说法不？"

须菩提白佛言："世尊，如来无所说[②]。"

"须菩提，于意云何？三千大千世界，所有微尘[③]，是为多不？"

须菩提言："甚多，世尊。""须菩提，诸微尘，如来说非微尘，是名微尘。如来说世界，非世界，是名世界。须菩提，于意云何？可以三十二相[④]见如来不？"

"不也，世尊，不可以三十二相得见如来。""何以故？"

"如来说三十二相，即是非相，是名三十二相。"

“须菩提，若有善男子善女人，以恒河沙等身命[5]布施，若复有人，于此经中，乃至受持四句偈等，为他人说，其福甚多[6]。”

注释

如法受持　《金刚经》五十三家注解题注：“当如此法，承受行持。”“法”指般若妙法。以上剥茧抽丝，重重破执，般若理念显现。至此群疑尽释，领悟旨义，方才请示经名，如法受持。般若波罗蜜经，本就无法，不过使人自明其性；奉持此经见性，则得福不可估量。佛陀在此循循善诱，又反复说明，如来的三十二相，乃至大似世界，小如微尘，都属幻相，都是假名，不可执著。

①“佛说般若波罗蜜，即非般若波罗蜜，是名般若波罗蜜”，佛陀说般若波罗蜜，乃是文字般若。从文字般若起观照般若，照见万法皆空，般若亦空，所以说“即非般若波罗蜜”。般若空时，也就见到了诸法的实相，就是实相般若波罗蜜。“是名般若波罗蜜”，即假名为般若波罗蜜，以便接引众生。王日休注：“此‘智慧到彼岸’之说，真性中亦岂有哉，故云‘即非智慧到彼岸’，谓实无也。但虚名‘智慧到彼岸’，以此接引众生耳。”江味农《〈金刚经〉讲义》注：“言‘则非’者，令离相也。离相者，所以会性也。”

②“如来无所说”，本心原净，诸法原空，故如来无所说。颜丙注：“世尊临入涅槃，文殊请佛再转法轮（说法），世尊咄云：‘吾住四十九年，未尝说著一字。汝请再转法轮，是吾曾转法轮耶？’”

③“微尘”，“微尘”，即物质世界微细者。佛经每每以“微尘”比喻物质量极小，而以“微尘数”比喻物质数极多。据《俱舍论》卷十二载，“尘”有微尘、金尘、水尘、兔毛尘、羊毛尘、

牛毛尘、隙游尘等分别。物质之极少者为“极微”；七个极微，方合为一微尘；七个微尘，合为一金尘（能游履金中之间隙）；七金尘合为一水尘（能游履水中之间隙）；顺次类推。隙游尘则是飞散于空中了。微尘喻指人的妄念。李文会注：“‘微尘’者，众生妄念，烦恼客尘，遮蔽净性，喻如微尘。”王日休注：“三千大千世界微尘，可谓极多矣。然见雨则为泥，遇火则为砖瓦，是无微尘之定体，所以为虚妄也。是故说为非微尘，谓非有真实微尘也，但虚名为微尘而已。”谢灵运注：“散则为微尘，合则成世界。无性则非微尘、世界，假名则是名微尘、世界。”凡一切法，各有差别之相。人们就其差别，各各安以名字。所以，名字是就相而立，并无特定关系。既然相是幻有，名字也即假名。

④“三十二相”，或称“三十二大人相”“二十二大丈夫相”。系转轮圣王及佛之应化身所现的三十二种状貌，殊胜微妙，为凡俗所不具有。三十二相，《三藏法数》四十八谓指：一、足安平相，足里无凹处者。二、千辐轮相，足下有轮形者。三、手指纤长相，手指细长者。四、手足柔软相，手足之柔者。五、手足缦网相，手足指与指间有缦网之纤纬交互连络如鹅鸭者。六、足跟满足相，足踵圆满无凹处者。七、足趺（足背）高好相，足背高起而圆满者。八、腨（股肉）如鹿王相，股肉纤圆如鹿王者。九、手过膝相，手长过膝者。十、马阴藏相，其男根密藏体内如马阴也。十一、身纵广相，头足之高与张两手之长相齐者。十二、毛孔生青色相，一一毛孔生青色之一毛而不杂乱者。十三、身毛上靡相，身毛之头右旋向上偃伏者。十四、身金色相，身体之色如黄金也。十五、常光一丈相，身放光明四面各一丈者。十六、皮肤细滑相，皮肤细腻润滑者。十七、七处平满相，七处为两足下两掌两肩并顶中，此七处皆平满无缺陷。十八、两腋满相，两腋之下充满者。十九、身如狮子相，身体平正威仪严

肃如狮子王者。二十、身端直相，身形端正无伛曲者。二十一、肩圆满相，两肩圆满而丰腴者。二十二、四十齿相，具足四十齿者。二十三、齿白齐密相，四十齿皆白净而坚密者。二十四、四牙白净相，四牙最白而大者。二十五、颊车如狮子相，两颊隆满如狮子之颊者。二十六、咽中津液得上味相，佛之咽喉中常有津液，凡食物因之得上味也。二十七、广长舌相，舌广而长，柔软细薄，展之则覆面而至于发际者。二十八、梵音深远相，梵者清净之义，佛之音声清净而远闻。二十九、眼色如绀青相，眼睛之色如绀青者。三十、眼睫如牛王相，眼毛殊胜如牛王也。三十一、眉间白毫相，两眉之间有白毫，右旋常放光也。三十二、顶成肉髻相，梵名"乌瑟腻"，译作"肉髻"，顶上有肉，隆起为髻形者。亦名"无见顶相"，以一切有情皆不能见故也。王日休注："佛虽现色身而为三十二相，至涅槃时则皆无矣，不可以此得见真佛。"

⑤"等身命"，"等"，等同。"身命"，身体性命。佛典所载佛陀舍身饲虎、割肉喂鹰，历代出家人书写血经，以及近代湘僧敬安燃二指供佛（故名"八指头陀"），都属佛教身命布施行为。

⑥"其福甚多"，查诸种译本，真谛译本作"此人以是因缘生福多彼无量无数"，玄奘译本作"由是因缘所生福聚甚多于前无量无数"，都介出所比较的对象。

译文

这时，须菩提问佛问道："世尊，应当叫这部经什么名字呢？我们应该如何供奉、修持此经呢？"

佛陀告诉须菩提："这部经名叫《金刚般若波罗蜜》。就凭这个名字，你们都应当供奉、修持。"

"这是什么缘故？"

"须菩提，佛所说的般若波罗蜜，按真谛讲，就不是般若波罗蜜，只是假名般若波罗蜜而已。须菩提，你认为如来对你们讲过法吗？”

须菩提对佛说：“世尊，如来没有说过。”

“须菩提，你的意见如何，三千大千世界所有的微尘，是不是多呢？”

须菩提道：“非常多，世尊。”

“须菩提，各种微尘，如来说实不是微尘，只是假名为微尘；如来说世界，就实不是世界，只是借名为世界。须菩提，你再思考一下，能凭借如来的三十二相，认识他的本性吗？”

“不能啊，世尊。我不能凭如来的三十二相认识他的本性。”

“为什么呢？”

“因为您说如来三十二相，却不是他的法身本相，是暂有而假名为三十二相。”

“须菩提，倘若有善男善女用如恒河沙粒那样多的身体、生命来布施，又另有人奉持这部《金刚经》，甚至只受持四句偈语之类，给别人讲解它的义理，那么他获到的福报就比前面的善男善女还要多。”

离相寂灭分第十四

尔时，须菩提闻说是经，深解义趣[①]，涕泪[②]悲泣，而白佛言：“希有世尊，佛说如是甚深经典，我从昔来所得慧眼[③]，未曾得闻如是之经。世尊，若复有人得闻是经，信心清净，即生实相[④]，当知是人成就第一希有功德[⑤]。世尊，是实相者，即是非相[⑥]，是故如来说名实相。

“世尊，我今得闻如是经典，信解受持，不足为难。若当

来世，后五百岁，其[7]有众生得闻是经，信解[8]受持，是人即为第一希有。何以故？此人无我相、人相、众生相、寿者相。所以者何？我相即是非相[9]，人相、众生相、寿者相即是非相。何以故？离一切诸相，即名诸佛[10]。”

佛告须菩提：“如是如是。若复有人得闻是经，不惊不怖不畏[11]，当知是人甚为希有。何以故？须菩提，如来说第一波罗蜜[12]，即非第一波罗蜜，是名第一波罗蜜[13]。

“须菩提，忍辱波罗蜜[14]，如来说非忍辱波罗蜜。何以故？须菩提，如我昔为歌利王[15]割截[16]身体，我于尔时，无我相、无人相、无众生相、无寿者相。何以故？我于往昔节节支解[17]时，若有我相、人相、众生相、寿者相，应生嗔恨[18]。

“须菩提，又念过去，于五百世[19]作忍辱仙人[20]，于尔所世[21]，无我相、无人相、无众生相、无寿者相。是故须菩提，菩萨应离一切相，发阿耨多罗三藐三菩提心，不应住色生心，不应住声、香、味、触、法生心，应生无所住心[22]。若心有住，即为非住[23]。是故佛说菩萨心，不应住色布施[24]。

“须菩提，菩萨为利益一切众生故，应如是布施。如来说一切诸相，即是非相；又说一切众生，即非众生[25]。须菩提，如来是真语者、实语者、如语[26]者、不诳语[27]者、不异语[28]者。须菩提，如来所得法，此法无实无虚[29]。须菩提，若菩萨心住于法而行布施[30]，如人入闇[31]，则无所见。若菩萨心不住法而行布施，如人有目，日光明照，见种种色。

“须菩提，当来之世[32]，若有善男子善女人，能于此经受持读诵，即为如来以佛智慧，悉知是人，悉见是人，皆得成就无量无边功德。”

注释

离相寂灭　《金刚经》五十三家注解题注："直下顿空，离诸形相。既离形相，寂灭现前。""离相"，离一切幻相。世间一切相，皆是虚幻不实，不可执著。凡夫执虚幻之相为实有，便处处为妄境所惑，为外尘所染，生死轮回，不得解脱。能离一切诸相，真性骤现，动静不生，"即见如来"，而成就无量无边功德。也就实证了"一切众生，即非众生"的真谛。

①"深解义趣"，"深解"，透彻理解。颜丙注："'深解'者，大彻大悟也。""义趣"，义理、旨要。此指《金刚经》里妙法无住、离一切相的般若佛法。陈雄注："'深解义趣'者，须菩提心悟真空无相义趣也。"

②"涕泪"，眼泪。

③"慧眼"，智慧之眼。此"眼"并不是五官之肉眼，而是指具有观照能力的智慧，了知诸法平等、性空，故称"慧眼"。《思益经》三云："'慧眼为见何法？'答言：'若有所见，不名慧眼。慧眼不见有为法，不见无为法。'"一说，但见人空之理谓之慧眼，为阿罗汉之见地。

④"实相"，指一切万法真实不虚的体相，或真实之理法、不变之理、真如、法性等。就其在整个佛教哲学体系中的内涵言，与"实性""空性""涅槃""真如""实际"等同义，表示其终极性、绝对性、本体性、本源性的概念。《中论·观法品》说："诸法毕竟空，不生不灭，名诸法实相。"大乘佛教认为，一切事物现象的"诸法"，由其因缘和合而生，绝无永恒实在可言，这种无常性规定了它们"毕竟（最终）空"。空性乃是不变的自体，从它与世间诸法的虚幻性相对待言，它便是真性。一切诸法所呈现的相状，是由主观分别执著才产生，是幻相，是假相。与此相对，寂静不动的本然之相，方是实相。《大般涅槃经》说：

"无相之相，名为实相。"佛教各宗派的实相观，随其教义而说法间有不同。颜丙注："'即生实相'者，即是悟自性也。"黄念祖《〈金刚经〉一滴》："实相就无相无不相。无相者：没有青黄赤白，长短大小，任何形象；不是有相，不是空相，不是非有非无，也不是亦有亦无，离开了这四句，遍离一切相。"

⑤"成就第一希有功德"，即成就法身功德。"功德"，音译作"惧曩""麌曩""求那"，意为"功能福德"。《胜鬘宝窟》卷上本："恶尽曰'功'，善满称'德'。又德者，得也；修功所得，故名功德也。"李文会注："'成就第一希有功德'者，迷即佛是众生，悟即众生是佛。佛佛道齐，无法等比。"

⑥"实相非相"，实相无相，不可寻觅，故为"非相"。达摩注："若解实相，即见非相；若了非相，（案，疑此处失脱"即见实相"四字。）其色亦然，当于色中不生色体，于非相中不碍有也。正犹水中盐味，色里胶青，决定是有，不见其形，此之谓也。"实相虽非相，可是一切事相又皆从实相而起，所以古人常用"无相无不相"说解。

⑦"其"，连词，表示假设关系。王引之《经传释词》卷三："其，犹若也。"

⑧"信解"，相信并明了。陈雄注："无狐疑心曰信，晓了意义曰解。"

⑨"我相即是非相"，"非相"，意为幻相。江味农《〈金刚经〉讲义》云："约相而言，若解得五蕴本空，则知当其现我相时，便是空时，故我相即是非相也。"相是假名，故不可著，非谓无相。

⑩"离一切诸相，即名诸佛"，凡有所取，便成四相。一切皆离，即名为佛。李文会注："离相清净，解悟三空，契合实相，究竟涅槃。'三空'之义，初即人空，次即法空，后即空空。三

世如来同证此理，故名为佛。”

⑪“不惊不怖不畏”，得悉般若佛法，无疑心而不惊骇，无惧心而不怖怯，无退心而不畏缩。江味农《〈金刚经〉讲义》引智者疏：“初闻经不惊，次思义不怖，后修行不畏。”陈雄注：“不惊则无疑心，不怖则无惧心，不畏则无退心。”

⑫“波罗蜜”，又译作“波罗蜜多”“波啰弭多”意为“到彼岸”，即自生死迷界之此岸，而至涅槃解脱之彼岸。依各经论，有六波罗蜜、十波罗蜜、四波罗蜜等说。《般若经》所谓六波罗蜜，又作“六度”，指大乘菩萨所必须实践的六种修行。即（1）布施波罗蜜，（2）持戒波罗蜜，（3）忍辱波罗蜜，（4）精进波罗蜜，（5）禅定波罗蜜（梵语“禅那”，汉语名“定”。“禅定”乃梵汉并举），（6）智慧波罗蜜，又作“般若波罗蜜”，谓圆满之智慧，为其他五波罗蜜的根本，所以称为“诸佛之母”，故名“第一波罗蜜”。圆瑛《〈金刚般若波罗蜜经〉讲义》卷上：“般若为诸度之先导，故称第一。诸度若无般若，皆不到彼岸。”

⑬“如来说第一波罗蜜，即非第一波罗蜜，是名第一波罗蜜”，李文会注：“‘如来说第一波罗蜜’者，若悟非相，即达彼岸。实相无二，故名第一。‘非第一波罗蜜’者，了悟人空、法空，即无生死可度，亦无彼岸可到，何处更有第一？故云非第一也。‘是名第一波罗蜜’者，悟一切法，即知诸法皆是假名。《法华经》云：‘但以假名字，引导于众生。’于斯了悟，能入见性之门，是名第一波罗蜜也。”

⑭“忍辱波罗蜜”，又作“羼提波罗蜜”，意谓为了利益一切众生，甘于忍受任何的苦难与玷辱。“忍”不作忍耐讲，是顺受之意。佛教倡导慈悲处世，谓着上袈裟，能使人忍辱柔和，故名“忍辱衣”。《释氏要览》上云：“《如幻三昧经》：袈裟名‘忍辱铠（铠甲）’。”人能忍辱，而不起嗔心，昏乱其性，故列为波罗

蜜之一。

⑮“歌利王”，又译作“羯利王”“迦梨王”“迦陵伽王”“迦蓝浮王”等，意译作“斗诤王”“恶世王”“恶世无道王”。慧能注：“‘歌利王’，是梵语，此云‘无道极恶王’也。”据《涅槃经》三十一、《大智度论》卷十四等经载，往昔佛陀生于南天竺富单城婆罗门家，歌利王恶逆无道。一日，率宫人出游，佛陀正为化度众生在城外修习禅定，宫女舍王而来听佛说法。王见之，恶心顿生，遂问佛道：“你得了罗汉果吗?”佛说：“没有。”“那得了不还果吗?”佛还是回答：“没有。”王说：“然则你以尚具贪欲烦恼之身，而恣意地观看女人吗?”佛说：“我虽未断贪结（贪念情结），内心实无贪着。”王问所修何法，佛说：“我以无嗔为戒。“王即试之，截佛耳而其颜容不变。群臣谏王，欲使中止，王不听。更劓鼻削手，而相好圆满，无少变化。时天大雨沙石，王心大怖畏，诣佛忏愧，请求哀愍。佛说：“我心无嗔亦无恨。”王说：“大德，如何知道心中有没有嗔恨?”佛说：“我若无嗔恨，即将令此身复原如初。”如是发愿毕，身体即恢复本来。王益忏愧，遂入佛门。

⑯“割截”，割，以利器划分。截，以利器斩断。

⑰“支解”，分裂肢体。

⑱“嗔（chēn）恨”，怨恨，仇怼。“嗔”，生气，发怒。

⑲“五百世”，五百生。“世”，原意为“时”的异称，时间有过去、现在、未来三世之迁流。《楞严经》云：“世为迁流……过去、未来、现在为世。”此指“一生”或“一代”。

⑳“忍辱仙人”，谓为佛陀前五百生时的生身。音译“利师”“哩始”，意为“仙人”“神仙”“大仙”等。即居住在山林修炼，能够保持长寿之人。据《佛母大孔雀明王经》卷下载，此诸仙人皆持成就禁戒，常修苦行，具足威德，有大光明，或住山河，或

居林薮，食果饮水，具有五种神通，游行虚空，一切所为无有障碍。又玄奘《大唐西域记》卷三载，北印度乌仗那国瞢揭厘城之东有大塔，即世传忍辱仙人受苦之处。

㉑“尔所世”，那一世，那一生。

㉒“不应住色生心，不应住声、香、味、触、法生心，应生无所住心”，“生心”，动心起意，产生念头。“住”，停驻；执著。王日休注：“‘不应住色生心’者，谓于凡有形色而生心也，若爱广大居宇、美好器用之类是也。‘不应住声、香、味、触生心’者，谓不当住于声音、馨香、滋味及所触而生心也。若爱声乐呕唱，爱龙檀脑麝，爱饮食异味，爱娇娆妇女，皆是住声、香、味、触而生心也。‘不应住法生心’者，谓佛法本为众生根器而设化，若住著之，则是泥于法而无由见真性，故不当住著于此而生心也。”“无所住心”，心不执著于一切相，即归于清净。晁太傅注：“住无方所，故名‘无住’。”李文会注：“若一切无心，即无所住也。“

㉓“非住”，不住。心不住色声香味触法，即无所住；有住则非，失其清净。黄蘖禅师注：“若心有住，即为非住。”

㉔“住色布施”，住于我、人、物的布施。布施时，念及是我在布施，见有布施之物及接受布施之人。如果见色离色，三体轮空，才与菩提心相应。

㉕“如来说一切诸相，即是非相；又说一切众生，即非众生”，相与众生都是假名，都不真实，是有条件而存在者。慧能注：“如来说我人等相，毕竟可破坏，非真实体也。一切众生尽是假名，若离妄心，即无众生可得，故言即非众生。”

㉖“如语”，即真实不虚的言说。指如实的话语、如法的话语等。谢灵运注：“‘如’，必当理。”

㉗“诳（kuáng）语”，惑乱、欺骗的话。

㉘“异语”，心不相应于行，即言行不一。或者始终不一，与诸佛所说不一。

㉙“如来所得法，此法无实无虚”，意谓如来所得法，非实亦非虚。李文会注：“此法无实者，心体空寂，无相可得也。无虚者，内有河沙功德，用而不竭也。欲言其实，无形可观，无相可得；欲言其虚，见能作用。是故不可言有，不可言无，有而不有，无而不无。言辞不及，其惟圣人乎！”江味农《〈金刚经〉讲义》：“‘无实无虚’，与‘不生不灭’义同：本自无生，故曰无实；今亦无灭，故曰无虚。亦与‘有即是空、空即是有’义同：何谓无实？有即是空故；何谓无虚？空即是有故。”

㉚“菩萨心住于法而行布施”，“菩萨”，指大乘佛教信众。陈雄注：“‘菩萨’云者，修行人通称也。”王日休注：“‘布施’，谓法施，乃教化众生也。若菩萨住于法而行布施，即是教化众生著于法，无由而见真性。”

㉛“入闇（àn）”，意谓背觉，无明。“闇”，不明，晦暗。通“暗”。

㉜“当来之世”，如来涅槃后的未来世。陈雄注：“‘当来之世’，如来灭后像法、末法之世也。”

译文

这时，须菩提听佛陀讲说《金刚经》，深深解悟了佛法的义理和旨要，悲喜交集而泪水涟涟，对佛陀说：“世间罕见的世尊啊，您讲说如此深刻奥妙的经典，是我自从修得慧眼以来，从未能听到别人讲说过的。世尊，倘若再有人能听说这部经典，信仰的心念清净无染，就能认识万法的实相，当然知道此其人是成就了第一的、罕有的功德。世尊，这个实相，就是非相，无相可觅，因此佛陀说到它时，才暂且取名为‘实相’。

“世尊，我现在有幸能听您讲说这部经典，从崇信佛法，到解悟义理，再修持印证，都不会是什么困难事。如若未来世，五百年之后，有众生听说此经，也会崇信、解悟、修持，不舍不弃，这人也就是第一等的、世所罕见的了。”

“什么道理呢?”

“因为其人已经不再执著自我、他人、众生和寿命者的相状，而生起分别心了。”

“那为什么?”

“我相乃是幻相，就是非相，他人相、众生相、寿命者相也都是如此。”

“怎么说呢?”

“不住一切的相，只有诸佛才能作到；所以，能作到者，也就成佛了。”

佛陀告诉须菩提：“是这样，是这样。如果再有人听说此经，不惊骇，不怖怯，不畏缩，应当知道其人是非常罕见的人。”

“为什么呢?”

“须菩提，如来说的第一波罗蜜，就不是真有第一波罗蜜，只是假名为第一波罗蜜。须菩提，那忍辱波罗蜜，如来说也是非忍辱波罗蜜，只是借名称作‘忍辱波罗蜜’。”

“原因何在?”

“须菩提，比如当初我的身体被歌利王所割截，那时我已没有自我相、他人相、众生相和寿命者相了。”

“为什么呢?”

“那时我被歌利王一节一节地肢解，倘若有自我相状、他人相状、众生相状、寿命者相状，那就必定会产生怨怒。须菩提，再回想过去五百生，那时我还在作忍辱仙人，就没有了自我相、他人相、众生相和寿者相的意念。

“因此，须菩提，菩萨应该脱离开一切的相，修证无上正等正觉的大智慧。不应该执著于色、声、香、味、触、法，因而产生种种的妄念，而应该不心系任何的事物，保有清净的菩提心。要是心对外相有所执著，那就不是我所教导的住心了。

“因此，如来说，菩萨的心中不应该执著于表相的布施。须菩提，菩萨为了利益一切众生，应这样而不应那样去修行布施。

“如来说所有的相，也即是非相；一切的众生，也即是非众生。一切诸相和众生都非真实，都是假名，都是有条件而存在。须菩提，我是讲真话的人、说实话的人、所说都如理如法的人，不是妄言诳世的人，不是翻云覆雨的人。须菩提，如来所证得的佛法，既不实也不虚，无相无形而又妙用无边。

“须菩提，倘若菩萨心中依著某种法去行布施，那就如同人走进了黑暗，什么也会看不见。倘若菩萨的心中不执著某种法去行布施，就好比人有了双好眼睛，太阳又在当头朗照，一切事物的形质都会看得一清二楚了。

“须菩提，未来时世，若有善男善女，能够受持、读诵这部《金刚经》，如来就能凭着佛的智慧，完全了解了其人，时刻顾看着其人，他们都会成就无量无边的功德。”

持经功德分第十五

“须菩提，若有善男子、善女人，初日分①，以恒河沙等身布施；中日分②，复以恒河沙等身布施；后日分③，亦以恒河沙等身布施④。如是无量百千万亿劫⑤以身布施。若复有人闻此经典，信心不逆⑥，其福胜彼，何况书写、受持、读诵，为人解说。

“须菩提，以要言之，是经有不可思议、不可称量、无边功德。如来为发[7]大乘[8]者说，为发最上乘[9]者说。若有人能受持、读诵，广为人说，如来悉知是人，悉见是人，皆得成就不可量、不可称、无有边、不可思议功德。如是人等，即为荷担[10]如来阿耨多罗三藐三菩提。”

“何以故?”

“须菩提，若乐小法者[11]，著我见、人见、众生见、寿者见，则于此经不能听受读诵，为人解说[12]。

“须菩提，在在处处[13]，若有此经，一切世间天、人、阿修罗所应供养。当知此处即为是塔，皆应恭敬作礼围绕[14]，以诸华香而散其处。”

注释

持经功德　《金刚经》五十三家注解题注：“行持此经者，功德不可量。”上文说的忍辱舍身等，皆是在破除我执。我执既破，更须悟得般若智慧，这才是修持的终极目的。本分复用校量法，说明持经受典所成就的功德，胜于身命布施，显明般若无住的福德功力。再次点明受持此经，功德无量。

①“初日分（fèn）”，太阳刚出的时间阶段，指早晨。肇法师注：“从旦至辰，名初日分。”

②“中日分”，中午。肇法师注：“从辰至未，名中日分。”

③“后日分”，晚间。肇法师注：“从未至戌，名后日分。”

④“以恒河沙等身布施”，“身布施”，谓拿出身体去布施。如八指头陀敬安于岐山下阿育王寺礼佛舍利，自割臂肉，复燃左手两指之类。“以恒河沙等身布施”，即用恒河沙一样多的身子去布施，生生世世都是如此，亦即“无量百千万亿劫以身布施”。佛教讲三世因果，生死轮回，谓一切众生，在天、人、阿修罗、地狱、饿鬼、畜生等三界六道中生死循环不已，如车轮回旋一

般，所以有“恒河沙等身”之说。要脱离六道轮回的桎梏，只有按照佛陀的教诲修行，方能达到涅槃自由的境界。一说，此为比喻。王日休注：“且人一日三时，乌得有恒河沙等身命布施哉。盖假喻耳，乃极言其不可以比也。”

⑤“劫”，音译“劫波”“劫跛”“羯腊波”，意译“分别时节”“分别时分”“长时”“大时”。通常指年月日时不能计算的远大时限。原为古代印度婆罗门教极长时限的时间单位，而为佛教所沿用。《智度论》三十八云：“时中最小者六十念中之一念，大时名劫。”婆罗门教认为，世界应经历无数劫。一说一劫相当于大梵天的一白昼，或一千时，即人间之四十三亿二千万年。劫末有劫火出现，烧毁一切，复重创造世界，因此一劫就是世界从成立至破坏过程的周期。

⑥“不逆”，“逆”，违背。“不逆”，其他译本作“不起诽谤”或“闻已不谤”等，则“逆”含诋诽之意。

⑦“发”，发起，启动。此指发心。

⑧“大乘（shèng）”，梵语音译“摩诃衍”“摩诃衍那”，又作“上衍”“上乘”“胜乘”“第一乘”。与“小乘”相对待。“乘”，即车乘之意，指能将众生从烦恼之此岸运载至觉悟之彼岸的教法。就其大旨而言，大乘与小乘的主要区分是：小乘视释迦为教主，大乘则提倡三世十方有无数佛；小乘仅否定人我之实在性，大乘且否定法我之实在性；小乘以自己之解脱为主要目标，故为自调自度（“调”指灭除烦恼；“度”指证果开悟）的声闻、缘觉之道，大乘认为涅槃有积极的意义，乃自利、利他的菩萨道；小乘主要经典有《阿含经》《四分律》及《俱舍论》《成实论》等论，大乘则有《般若经》《法华经》《华严经》等经，及《中论》《摄大乘论》等论；大乘教徒虽承认小乘三藏之价值，然以为不如大乘经之殊胜，而小乘教徒则不以大乘经论为佛说。大

乘又称“菩萨乘”。王日休注：“菩萨为大乘者，谓如车乘之大者，普能载度一切众生也。”

⑨“最上乘”，或谓“佛乘”，说一切众生悉可成佛之道的教法，并能兼菩萨而载度以成佛。胡吉藏《金刚般若疏》卷四：“问：‘大乘’与‘最上乘’何异？答：通论不异，此种种叹耳。别者：‘大’，包含广博义；‘最上’，高绝，取超出二乘（指声闻、缘觉）义。……又，‘大’是其始义，据浅行之人；‘最上’是其终义，据深行人也。”是谓大乘和佛乘有着高低和深浅的差别。

⑩“荷（hè）担”，“荷”，扛，负。“荷担”，担负。谢灵运注：“千载不坠，由于人弘，任持运行，‘荷担’义也。”江味农《〈金刚经〉讲义》云：“如来为性德圆明之人，无上菩提为觉王独证之法，许其荷担此二，盖许其为承继佛位之人，堪任觉王之法也。”

⑪“乐小法者”，信仰小乘佛法的人。他们坚持原始佛教的传统，而对大乘佛教时有微词，尤其是般若理论，认为“非佛说”，不能接受。陈雄注：“‘小法’者，小乘法也。《法华经》云：‘钝根乐小法。’言其志意下劣，不发大乘心者也。”“乐(yào)”，喜好。《广韵·效韵》：“乐，好也。”

⑫“若乐小法者，著我见、人见、众生见、寿者见，则于此经不能听受读诵，为人解说”，此处它种译本，明显分说为两种类型人物，如流支译本作：“若乐小法者，则于此经不能受持、读诵、修行，为人解说；若有我见、众生见、人见、寿者见，于此法门能受持、读诵、修行、为人解说者，无有是处。”

⑬“在在处处”，一切地方。陈雄注：“‘在在处处’，言所在不一也。”

⑭“作礼围绕”，佛教礼节，右旋围绕，表示敬礼，一般多

指右绕三匝。据《贤愚因缘经》卷九载，佛陀住世时，须达长者不知礼拜佛陀的方法，首陀会天遂化作人身，教以右绕三匝致礼方式。其法是：施礼者先对佛或塔庙礼拜，而后自左向右旋绕，或绕一周，或绕三周不等。经典中常有“绕佛三匝”“右绕三匝”等语。右旋环绕本为印度传统表示敬意礼法。现代佛教徒仍然奉行着如此环绕佛塔或佛像的传统。

译文

“须菩提，假如有善男善女，早晨用恒河沙数的身命作布施，中午又用恒河沙数的身命作布施，下午还用恒河沙数的身命作布施。如此循环往复，不舍不弃，百千万亿劫用恒河沙数的身命作布施。如另有人，听说了《金刚经》后，信奉而不逆背，那他的福德就超过前面以身命布施的人。何况此人还书写、受持、读诵，并为他人解说经文。须菩提，概括地说，这部经有不可思议、不可估量、无边无涯的功德。如来为修证大乘的人说这部经，为发心成佛的人说这部经。倘若有人能受持诵读此经，广泛地为人讲说，如来便完全知道其人、时刻顾看其人，一定都能修得不可量、不可称、无有边、不可思议的功德。像这样的人，都可得到如来无上正等正觉的大智慧，能够负荷起传承佛法的重任。”

“这是什么原因呢？”

“须菩提，假如他是喜欢小乘法的人，假设他是怀有自我、他人、众生、寿命者的分别心的人，那他就不能听受、诵读、为他人解说此经。须菩提，不论在任何地方，如果有这部经存在，那么一切世间的的天、人、阿修罗，全都应当去诚心供养。应该认识到，这里就是佛塔，都应该毕恭毕敬，环绕顶礼膜拜，用种种花、种种香散放在这里。”

能净业障分第十六

“复次，须菩提，若善男子、善女人，受持、读诵此经，若为人轻贱[①]，是人先世[②]罪业[③]应堕恶道[④]，以今世人轻贱故，先世罪业则为消灭，当得阿耨多罗三藐三菩提。

“须菩提，我念过去无量阿僧祇[⑤]劫，于然灯佛前，得值[⑥]八百四千万亿那由他[⑦]诸佛，悉皆供养[⑧]承事[⑨]，无空过者。若复有人，于后末世，能受持、读诵此经，所得功德，于我[⑩]所供养诸佛功德，百分不及一，千万亿分，乃至算数譬喻所不能及。

“须菩提，若善男子、善女人，于后末世，有受持、读诵此经。所得功德，我若具说[⑪]者，或有人闻，心则狂乱狐疑[⑫]不信。须菩提，当知是经义不可思议[⑬]，果报[⑭]亦不可思议。”

注释

能净业障　《金刚经》五十三家注解题注：“若能常清净，业障尽冰消。”“业障”，指众生于身、口、意所造作之恶业，能蔽障正道，故称业障。业障有现世之业，也有宿世之业。人生业障，本属虚妄。若能深入般若，了知法空原理，则一切虚妄自然净尽。所以《华严经》卷二“世主妙严品”说：“若有众生一见佛，必使净除诸业障。”与“若能常清净，业障尽冰消”是同一样的说法，并非二致。

①“轻贱”，下贱卑微，被人瞧不起。

②“先世”，前生；过去世。

③“罪业”，“业”，梵文“羯磨”的意译。佛教谓业由身、

口、意三处发动，分别称身业、口业、意业，它决定众生的生死和在六道轮回中的去向。“罪业”是恶业，因其大小轻重，而得不等的苦果报应。《法华经·化城喻品》云：“罪业因缘故，失乐及乐想。”“业”不等同“孽”，“业”有善、恶和非善非不善之分，善业得善报，恶业得恶报，非善非不善业则不生果报。而“孽”则为邪恶、罪过之意，专指罪业。《红楼梦》第三一回：“我可不造这样的孽!’”

④“恶道”，与“善道”相对，也作“恶趣”，即指生前造作恶业，而于死后去往的苦恶地。佛教认为，在六道（地狱，饿鬼，畜生，阿修罗，人间，天上）之中，以地狱、饿鬼、畜生三者为三恶道，天上、人间、阿修罗则为三善道。陈雄注：“持此真经，有弥天功德，为天人所恭敬宜矣，今且为人所轻贱何也?盖是人前生罪业深重，当堕地狱、饿鬼、畜生、阿修罗道，永无出期。以今生持经之功，止为人轻贱辱骂而已，则前生之罪业为之消除，当来世佛果菩提可得成就矣。”

⑤“阿僧祇”，梵语译音。为印度数目之一，“无量数”或“极大数”之意。玄应《一切经音义》二十四云：“‘阿僧企耶’，此云‘无央数’。旧言‘阿僧祇’，讹略也。按阿僧祇为数之极，以万万为亿、万亿为兆计之，一阿僧祇凡一千万万万万万万万万兆。”

⑥“值”，遇见，碰到。《庄子·知北游》：“明见无值。”成玄英疏：“值，会遇也。”

⑦“那由他”，数目名。各说定那由多之数不一。《本行经》十二云：“‘那由他’，隋言‘数千万’。”《玄应音义》三云：“‘那由他’，当中国‘十万’也。”《光赞经》云：“亿，‘那述劫（即那由他）是也’。”

⑧“供养”，此指四事供养，即衣服，饮食，卧具，汤药。

《无量寿经》下云："常以四事供养恭敬一切诸佛。"

⑨"承事"，事奉，承办。指下对上而言。《左传·成公十二年》："百官承事，朝而不夕。"

⑩"于我"，与我、同我（所供养诸佛功德）相比。"于"，介词。

⑪"具说"，完全说出。王日休注："'具'，尽也。"

⑫"狐疑"，怀疑，不相信。颜师古注《汉书·文帝纪》："狐之为兽，其性多疑，每渡冰河，且听且渡，故言疑者而称'狐疑'。"

⑬"不可思议"，指不可想象和言传的境界。

⑭"果报"，由前因而生后果，即报应。佛教认为，宿世种善因，今生得善果；宿世为恶，则得恶报。《法苑珠林》卷七七引《惟无三昧经》："一善念者，亦得善果报；一恶念者，亦得恶果报。"

译文

"再说，须菩提，若有善男善女，能够受持诵读此经，若还被别人轻视作贱，那就是由于前世造下了罪业。本应该未来世堕入恶道，遭受报应，因为今世被人轻视作贱，那前世的罪业就被抵消了；（因为今世能够受持诵读此经，）还能修得无上正等正觉的大智慧。

"须菩提，我回忆过去，经历了无数无量的劫。在遇见然灯佛之前，我遇到过无量无数的佛。我对每一位佛，全都虔诚恭敬地供养、侍奉，没有简慢过任何一位我所见到的佛。如果有人在后世能够受持、诵读此经，所能得到的功德，和我在从前无量阿僧祇劫、供养八百四千万亿那由他佛的功德相比，我还不及其百分之一、千分之一、万分之一、亿分之一，甚至微小到不能用数字来譬喻。

“须菩提，倘若善男善女在后世能受持、读诵此经，那他所得的功德，我要是全都说出來，也许有人听了，会心狂意乱，狐疑不信。须菩提，应当知道，《金刚经》的义理是不可思议的，受持、诵读此经所得的果报也是不可思议的。”

究竟无我分第十七

尔时须菩提白佛言：“世尊，善男子、善女人发阿耨多罗三藐三菩提心，云何应住？云何降伏其心？”

佛告须菩提：“善男子，善女人，发阿耨多罗三藐三菩提心者，当生如是心：‘我应灭度一切众生[①]。’灭度一切众生已，而无有一众生实灭度者[②]。”

“何以故？”

“须菩提，若菩萨有我相、人相、众生相、寿者相，即非菩萨。”

“所以者何？”

“须菩提，实无有法发阿耨多罗三藐三菩提心者[③]。须菩提，于意云何？如来于然灯佛所，有法得阿耨三藐三菩提不？”

“不也，世尊。如我解佛所说义，佛于然灯佛所，无有法得阿耨三藐三菩提。”

佛言：“如是如是。须菩提，实无有法如来得阿耨三藐三菩提。须菩提，若有法得阿耨三藐三菩提者，然灯佛则不与我授记[④]：‘汝于来世当得作佛，号释迦牟尼。’以实无有法，得阿耨多罗三藐三菩提，是故然灯佛与我授记，作是言：‘汝于来世当得作佛，号释迦牟尼。’”

“何以故？”

"如来者，即诸法如义[5]。若有人言如来得阿耨三藐三菩提[6]，须菩提，实无有法佛得阿耨三藐三菩提。须菩提，如来所得阿耨多罗三藐三菩提，于是中无实无虚[7]，是故如来说一切法皆是佛法[8]。须菩提，所言一切法者，即非一切法，是故名一切法[9]。须菩提，譬如人身长大。"

须菩提言："世尊，如来说人身长大，则为非大身[10]，是名大身。"

"须菩提，菩萨亦如是，若作是言：'我当灭度无量众生。'即不名菩萨。"

"何以故？"

"须菩提，实无有法，名为菩萨。是故佛说一切法，无我、无人、无众生、无寿者[11]。须菩提，若菩萨作是言：'我当庄严佛土。'是不名菩萨。"

"何以故？"

"如来说庄严佛土者，即非庄严，是名庄严[12]。须菩提，若菩萨通达无我法[13]者，如来说名真是菩萨。"

注释

究竟无我　《金刚经》五十三家注解题注："直下究竟，本无我体。""究竟"，音译"郁多罗"。《三藏法数》六云："'究竟'，犹'至极'之义。"《大智度论》卷七二："'究竟'者，所谓诸法实相。"所以，"究竟"也即佛典所指的最高境界。本分是说人空、法空，无有我体。如来以自身灭度众生、得法有无之事，说明个中道理。自度度人，于中概见。"若菩萨通达无我法者，如来说名真是菩萨。"

①"我应灭度一切众生"，黄蘖禅师注："'我应灭度一切众生'者，佛言：'我欲令一切众生除灭妄念，令见真性。'"真性

即本性，即佛性。众生的烦恼妄念本非自有，乃是被屡世尘垢污染。欲令一切众生除灭妄念，令见真性，即是灭度。“灭度”，指命终证果，灭烦恼，度苦海，不再生死轮回。与“涅槃”“圆寂”“迁化”同意。《涅槃经》二十九云：“灭生死故，名为‘灭度’。”《行愿品钞》四云：“‘涅槃’……但云‘入灭’，或云‘灭度’，即灭障度苦也。”

②“灭度一切众生已，而无有一众生实灭度者”，意谓众生本具佛性，今既知觉，妄念自灭。众生能够觉悟，乃是自性自度，并不是由佛菩萨所灭度。“已”，完成，完结。《疏钞》注：“‘已’，即尽也。”而菩萨此时，不会存有众生为自己灭度的念头。慈受禅师注：“此谓不可见有众生是自己度者。若有此念，即著我、人、众生、寿者四相，即非菩萨清净心也。”颜丙注：“若生四相望报心，即非菩萨。”

③“实无有法发阿耨多罗三藐三菩提心者”，此说法空。颜丙注：“‘实无有法发阿耨多罗三藐三菩提心者’，盖实际不受一尘，何有于法?”是谓真性中本来荡然空空，一法不立，一法不染。“者”，助词，用在句末，表示上文之“法”。

④“授记”，音译“毗耶佉梨那”“弊迦兰陀”“和伽罗那”“和罗那”，义又译作“授决”“受别”“记别”“记说”“记”。十二部经之一，九部经之一（佛陀一切说法，依其叙述形式与内容，分成之十二种类或九种类）。授记本指分析教说，或以问答方式解说教理，转指弟子所证或死后之生处。后来专指佛对发心的众生未来世证果以及成佛名号的预言（又作预记）。无名氏注：“‘授记’者，谓能了悟真性，必得成佛也。”

⑤“如来者，即诸法如义”，“如”，指实相，谓平等不变之理体。与“法性”、与“实际”、与“实相”，都是指一事而异名。诸法的理性相同，一味平等，所以诸法虽各各差别，而理体

则一，所以“如”又是“理”的异名。此理真实，故名“真如”；其理为一，故名“一如”。《维摩经·菩萨品》云：“‘如’者，不二不异。”佛教各家各派对“如来”解释不一。王日休注：“且此所谓‘如来’者，本谓真性佛。盖‘如’者，谓真性遍虚空世界而常自如，若欲现而为一切无不可者，故谓之如。又随所感而来现，故名如来。是‘如来’者，真性之名也。”江味农《〈金刚经〉讲义》云：“‘如’者，无差别之义，亦不异之义，谓法性无有差异也。法性无有差异者，以其空寂故也。故诸法如义，即法性空寂之义。名为如来者，以其证空寂之性耳。”

“义”即“理”。“诸法如义”，意谓诸法皆如，诸法皆属真谛。一切法从缘而生，缘生性空，因此，一切法皆是空。万法一如，是诸法的空义，也就是诸法的如义。“如”，泛指空、无生、无灭、无相、无来、无去等。若有生灭、去来，则不是空，不是如。

⑥“如来得阿耨多罗三藐三菩提”，王日休注：“佛谓：若有人言，佛得无上正等正觉之真性，是人则为妄语。何则？真性者，佛本来自有之，止为除尽外妄，乃见真性耳。凡言‘得’者，皆自外而得，此真性岂有自外而得哉！故言得者，则为不实语也。”

⑦“于是中无实无虚”，谓空、有一如。僧微师注：“‘无实’者，以菩提无色相故；‘无虚’者，色相空处即是菩提。故如来所证菩提之法，不空不有，故曰‘无实无虚’。”

⑧“是故如来说一切法皆是佛法”，离相观性，诸法如义，故如来说一切法，皆是佛法。王日注：“佛说诸法，皆是用之以修行而成佛之法也，然则法又岂可以无哉。今禅家绝不用法，大背经意矣。佛所以随说而又扫去者，盖谓不可泥于法耳，岂可绝无法哉。傅大士之颂曰：‘渡河须用筏，到岸不须船。’今禅家不

用法，乃未到岸不须船者。”

⑨“所言一切法者，即非一切法，是故名一切法”，王日休注：“佛又恐人泥于法，故又呼须菩提而言：所言一切法者，即非真实一切法，但假此以修行耳。非真性中所有，故虚名一切法而已。”

⑩“非大身”，非真实大身。王日休注：“如来说人身长大，则非真实大身，是虚名大身而已。”颜丙注：“色身长大，争奈有生灭，有限量，即非大身。”李文会注：“色身有相，为非大身；法身无相，广大无边，是名大身。黄蘗有云：‘虚空即法身，法身即虚空。’是名大身也。”

⑪“佛说一切法，无我、无人、无众生、无寿者”，是谓佛所说法，主旨即在无相，此外更无法。陈雄注：“《维摩诘经》云：‘法无众生，离众生垢故；法无有我，离我垢故；法无寿命，离生死故；法无有人，前后际断故。’此真空无相法也。佛说一切法者此耳，此外则我佛无所说。”

⑫“如来说庄严佛土者，即非庄严，是名庄严”，颜丙注：“心常清净，不染世缘，是为庄严佛土也。虽曰庄严，不可作庄严相，故曰即非庄严，但强名而已。”肇法师注：“离相无为，庄严佛土也。”

⑬“无我法”，指人、法二空，皆无本体。王日休注：“据《楞严经》，二无我，谓人无我与法无我也。人无我者，谓人无本体，因业而生；法无我者，谓法无本体，因事而立。若作富贵之业，则生于富贵中；若作贫贱之业，则生于贫贱中，是人无本体也。若因欲渡水，则为舟楫之法；因欲陆行，则为车舆之法，是法无本体也。一切法皆因事而立，即是假合。假合即为虚妄。”释星云《〈金刚经〉讲话》：“即是‘人无我’‘法无我’的二无我，亦名‘二空’。‘我’是妄情所执的实体，而此实体，人、法

都无，毕竟空寂。人无我：人为五蕴假合，因业流转，没有一生不变的实体。法无我：不论佛法、世法，皆为依缘假立，对待而有，没有独立存在的实体。”所谓“人空“，又名“我空”，“生空”，指人我空无（为五蕴之假和合，又为因缘所生，没有常存之我体）；所谓“法空”，指诸法空无（由因缘而生，无有自性）。

译文

此时，须菩提又向佛陀问道：“世尊，如有善男善女，发心想证得无上正等正觉的大智慧，应该怎样守护自己的清净心？不受外尘的纷扰，不起各种的妄念呢？”

佛陀告诉须菩提：“若有善男善女，发心想证得无上正等正觉的大智慧，应当生有这样的一副菩萨心肠：我要度化一切众生，度化一切众生完毕，又不认为有一个众生是自己度化。”

“为什么呢？”

“须菩提，如果菩萨心中还有自我相、他人相、众生相、寿命者相，那么他就不是菩萨。”

“这又为什么呢？”

“须菩提，本来就没有一种佛法，能够使人发起菩提心。须菩提，你意下如何？我在然灯佛那里，他可曾有什么法传授与我，使我获得无上正等正觉的大智慧吗？”

“没有，世尊。按照我所理解您所说的道理，佛陀在然灯佛那里，并没有得到任何一种法，能获得无上正等正觉的大智慧。”

佛陀赞许道：“正是如此，正是如此！须菩提，实在没有什么法，能使我大彻大悟，获得无上正等正觉的大智慧。须菩提，倘若我得到了然灯佛的某种法，使我当下大彻大悟了，那么然灯佛就不会与我授记，说：你在未来世，将要成为佛，名为释迦牟尼。因为实在没有任何的法，能使人获得无上正等正觉的大智慧。所以然灯佛才会与我授记，说：你在未来世，将要成为佛，名叫释迦牟尼。”

“那是什么缘故？”

“之所以佛又有‘如来’这一称谓，就是他证知一切法的真如，绝形绝虑，非有非无，与实相相契。假如有人说，如来得到无上正等正觉的大智慧了。须菩提，其实没有什么法，能使人获得无上正等正觉的大智慧。须菩提，我所修成的无上正等正觉的大智慧，其中既不实也不虚。所以如来才说，一切法都是佛法。须菩提，我说的一切法，也都不是一切法，只是假名叫一切法。

“须菩提，就好比说人的身材高大。”

须菩提道：“世尊，您说人的身材高大者，就非是身材高大者，乃是假名叫做身材高大者。”

“须菩提，菩萨也是这样。如果菩萨这样说：‘我该当度化无数无量众生。’那他也就不能叫菩萨了。”

“为什么呢？”

“须菩提，你要记住：实在没有法，名为菩萨法。因此佛说一切法，都没有自我相、他人相、众生相和寿命者相。

“须菩提，倘若菩萨说这样的话：‘我应当庄严佛土。’那他也就不能叫菩萨。”

“这又为什么呢？”

“如来说的庄严佛土，也就是非庄严，只是假名叫庄严。

“须菩提，如果菩萨能彻底解悟‘无我法’的话，人、法二空，廓然无我，如来才称他为真菩萨。”

一体同观分第十八

“须菩提，于意云何？如来有肉眼[①]不？”

“如是，世尊，如来有肉眼。”

“须菩提，于意云何？如来有天眼[②]不？”

“如是，世尊，如来有天眼。”

“须菩提，于意云何？如来有慧眼[③]不？”

“如是，世尊，如来有慧眼。”

“须菩提，于意云何？如来有法眼[④]不？”

“如是，世尊，如来有法眼。”

“须菩提，于意云何？如来有佛眼[⑤]不？”

“如是，世尊，如来有佛眼。”

“须菩提，于意云何？如恒河中所有沙，佛说是沙不？”

“如是，世尊，如来说是沙。”

“须菩提，于意云何？如一恒河中所有沙，有如是沙等恒河，是诸恒河所有沙数佛世界，如是，宁为多不？”

“甚多，世尊。”

佛告须菩提：“尔所国土中，所有众生若干[⑥]种心，如来悉知[⑦]。”

“何以故？”

“如来说诸心，皆为非心，是名为心[⑧]。”

“所以者何？”

“须菩提，过去心不可得，现在心不可得，未来心不可得[⑨]。”

注释

一体同观　《金刚经》五十三家注解题注：“万法归一，更无异观。”“万法”，语同“诸法”。总括万有的事和理，即色、心所蕴有的一切差别对象，与一般所说之“万象”“万事万物”等相当。“一体”，一样；一律。佛与众生，并无差别。离众生无佛，离佛亦无众生。佛为众生所成就，众生心中皆有佛性，佛与众生无二无别，虽有凡圣之分，其体则一也。心中妄念，都非心有，所以达摩有为二祖“安心”、禅宗有“直指人心，见性成佛”之说。心体净虚，本无一物，安有过去、现在、未来之心名！佛具五眼，一体同观。

①“肉眼”，五眼之一。指人体肉身眼睛。凡夫以此肉眼可分明照见色境（状貌、颜色）。《无量寿经》卷下：“肉眼清彻，靡不分了。”然而肉眼有诸多障碍，据《大智度论》卷三十三载：能清晰照见近处景物，远处则否；在照见眼前景物时，无法照见背后者；能照见外在者，无法照见内在者；白昼时能照见诸物，黑夜中则无法看到。

②“天眼”，五眼之一。《大乘义章》二十本云：“天趣（天道）之眼，故名天眼。”《无量寿经》下云：“天眼通达，无量无限。”它也是以色界四大所造的眼根，但能知粗细远近一切色境，以及众生未来生死之相。《智度论》五云：“于眼得色界四大造清净色，是名天眼。天眼所见，自地及下地六道中众生诸物，若近若远，若粗若细，诸色莫不能照。是天眼有二种：一者从报（果报）得，二者从修（修道）得。”即天眼能越过肉眼看不到的物质障碍。

③“慧眼”，为五眼之一。指智慧之眼，是声闻、缘觉二乘圣人所具有。了知诸法平等、性空智慧，故称慧眼。因为能照见

诸法真相，所以能自度到涅槃彼岸。《思益经》三云：“‘慧眼为见何法？’答言：‘若有所见，不名慧眼。慧眼不见有为法，不见无为法。’”

④“法眼”，为五眼之一。指彻见佛法正理的智慧眼，为大乘菩萨所具有。此眼能具见一切法的实相，彻知众生各各的因缘差别。所以菩萨普度众生，能知能行，使之都能依不同法门修行证道。

⑤“佛眼”，系五眼之一。惟佛所独有，能照破诸法实相，而以慈心观察众生。乃至无事不见、无事不知、无事不闻，闻见互用，无所思维，一切皆见。《无量寿经》卷下：“佛眼具足，觉了法性。”《法华文句》卷四下云：“佛眼圆通，举胜兼劣；又四眼（指上文肉眼、天眼、慧眼、法眼）入佛眼，皆名佛眼。”以上所述五眼，并不是说某位贤圣长有五种眼，而是同一双眼有多种功能，能看到五种不同的境界。傅大士颂曰：“天眼通非碍，肉眼碍非通，法眼唯观俗，慧眼直缘空，佛眼如千日，照异体还同，圆明法界内，无处不含容。”陈雄注：“《华严经》云：‘肉眼见一切色故，天眼见一切众生心故，慧眼见一切众生诸根境界故，法眼见一切法如实相故，佛眼见如来十力（如来十力，谓一、知觉处非处智力——‘处’者道理义，知物之道理非道理之智力，二、知三世业报智力——知一切众生三世因果业报之智力，三、知诸禅解脱三昧智力——知诸禅定及八解脱三三昧之智力，四、知诸根胜劣智力——知众生根性之胜劣与得果大小之智力，五、知种种解智力——知一切众生种种知解之智力，六、知种种界智力，于世间众生种种境界不同而如实普知之智力，七、知一切至所道智力——如五戒十善之行至人间天上，八正道之无漏法至涅槃等，各知其行因所至，八、知天眼无碍智力——以天眼见众生生死及善恶业缘无障碍之智力，九、知宿命无漏智力

——知众生宿命又知无漏涅槃之智力，十、知永断习气智力——于一切妄惑余气永断不生，能如实知之智力。）故。'"

⑥“若干”，多少，不定数。僧若纳注：“颜师古云：设数之辞也。”

⑦“所有众生若干种心，如来悉知”，“心”，音译作“质多”，又作“心法”“心事”。佛经里的“心”，包括一切的精神思维活动。王日休注：“谓彼既起心念，则此可得而知也。”

⑧“如来说诸心，皆为非心，是名为心”，“非心”，谓妄心非性。慧能注：“尔所国土中所有众生，一一众生若干差别，心数虽多，总名妄心，识得妄心非心，是名为心。”江味农《〈金刚经〉讲义》注：“‘非心’句，约性言，暗指非真心，真心即性也。‘是名’句，约相言，谓如是之心，特假名为心耳，暗指其是妄心。”

⑨“过去心不可得，现在心不可得，未来心不可得”，《疏钞》注：“‘不可得’者，谓无也。言此三心本来无有，乃因事而有耳。”释星云《〈金刚经〉讲话》：“这过去之心、现在之心、未来之心，无非皆由六尘（色尘、声尘、香尘、味尘、触尘、法尘等六境）缘影而生，念念相续，事过则灭，这种种无常虚妄之心，是不可得的。”“不可得”者，指当下即空。

译文

“须菩提，你认为，如来有肉眼吗？”

“是的，世尊，如来有肉眼。”

“须菩提，你认为，如来有天眼吗？”

“是的，世尊，如来有天眼。”

“须菩提，你认为，如来有慧眼吗？”

“是的，世尊，如来有慧眼。”

“须菩提，你认为，如来有法眼吗？”

“是的，世尊，如来有法眼。”

“须菩提，你认为，如来有佛眼吗?”

“是的，世尊，如来有佛眼。”

“须菩提，你认为，像恒河中所有沙粒，如来说这些是沙粒吗?”

“是的，世尊，如来说的是沙粒。”

“须菩提，你认为，像恒河中所有沙粒，有像恒河沙粒那样多的恒河，如果有像这么多恒河中所有沙粒那样多的佛世界，你认为这佛世界必定算多罢?”

“非常多，世尊。”

佛陀告诉须菩提：“那么多的佛土中的所有众生，他们所具的各种心，如来全都知道。”

“那是什么原因呢?”

“如来所说的各种心，都是非心，无常，虚妄，而随因缘生灭，只不过借名叫做心。”

“那是为什么?”

“须菩提，过去的心驷马难追，现在的心转瞬即逝，未来的心又没有到来，它们都乃虚幻而非真实，随缘生生灭灭，不能长存不变，又怎么能把握得住。”

法界通化分第十九

“须菩提，于意云何?若有人满三千大千世界七宝以用布施，是人以是因缘[①]，得福多不?”

“如是，世尊，此人以是因缘，得福甚多。”

“须菩提，若福德有实，如来不说得福德多；以福德无故，

如来说得福德多②。”

注释

法界通化　《金刚经》五十三家注解题注：“佛身充法界，通达化无边。”“法界”为佛教的一种范畴分类，显教依《法华经》以地狱、饿鬼、畜生、阿修罗、人、天之六凡，与声闻、缘觉、菩萨、佛之四圣，称为十法界。所谓“通化”，是说般若智慧充遍法界，无所不通，也无处不化。住相布施，是有为之福，终有了日；离相布施，是无为之福，永无尽时。虚实有无，佛教的逻辑理念，尽现其中。

①“因缘”，谓使事物生起、变化和坏灭，其主要条件为“因”，辅助条件为“缘”。比如种子为因，泥土雨露阳光和农人等为缘，因缘和合，然后才能生出谷米。《翻译名义集》四“释十二支”：“‘尼陀那’，此云‘因缘’。(鸠摩罗）什曰：‘前缘相生，因也；现相助成，缘也。’”

②“若福德有实，如来不说得福德多；以福德无故，如来说得福德多”，是谓布施时，旨为祈求福德，存在有为之相；还是不住相布施，三体轮空。有为之福，终有了日；无为之福，永无尽时。僧若纳注：“福有者，取相也；福无者，离相也。离相故称‘性’，性如虚空，其福无量。”李文会注：“凡夫住相布施七宝，希求福利，此是妄心，不足为多，不如净妙无住之福，无得之德，同于虚空，无有边际。”

译文

“须菩提，你怎么看待？倘若有人以装满三千大千世界的七宝布施，这个人因为如此因缘，他所修得的福德很多吗？”

“是这样，很多，世尊。这个人因为如此布施的因缘，所得的福德定是很多。”

“须菩提，有相布施所求的福德虚妄不实，不可执著；假如这种福德真实不虚，如来便不会说他获取的福德多了。而不住相布施的人，不以追求福德为目的，如来才说他获得的福德多。”

离色离相分第二十

“须菩提，于意云何？佛可以具足①色身②见不？”

“不也，世尊，如来不应以具足色身见。”

“何以故？”

“如来说具足色身，即非具足色身，是名具足色身。”

“须菩提，于意云何？如来可以具足诸相见不？”

“不也，世尊，如来不应以具足诸相见。”

“何以故？”

“如来说诸相③具足，即非具足，是名诸相具足。”

注释

离色离相　《金刚经》五十三家注解题注：“色相缘妄生，离妄即见性。”如来不可以具足色身见，也不可以具足诸相见，色相都属虚妄，非其实相，如日月影，和合出现；离色离相，方可得见如来法身。也就是上文所说：“凡所有相皆是虚妄。若见诸相非相，即见如来。”

①“具足”。圆满，齐备，没有欠缺。陈雄注：“‘色身’者，三十二相也。‘具足’者，无一亏欠也。”

②“色身”，指有形质的肉身，即是由“四大”构合而成。反之，无形者称为‘法身’，或‘智身’。陈雄注：“《坛经》云：‘皮肉是色身。’《华严经》云：‘色身非是佛。’观此，则知肉身无如来。”

③“诸相”，泛指如来所特有的相好。相，谓佛肉身所具足特殊容貌中的显而易见处，可分三十二相；好，为佛肉身形貌上的微细难见处，共有八十种好。三十二相已见前注。八十种好，据《大般若经》卷三八一载，指：（一）指爪狭长，薄润光洁。（二）手足之指圆而纤长、柔软。（三）手足各等无差，诸指间皆充密。（四）手足光泽红润。（五）筋骨隐而不现。（六）两踝俱隐。（七）行步直进，威仪和穆如龙象王。（八）行步威容齐肃如狮子王。（九）行步安平犹如牛王。（十）进止仪雅宛如鹅王。（十一）回顾必皆右旋如龙象王之举身随转。（十二）肢节均匀圆妙。（十三）骨节交结犹若龙盘。（十四）膝轮圆满。（十五）隐处之纹妙好清净。（十六）身肢润滑洁净。（十七）身容敦肃无畏。（十八）身肢健壮。（十九）身体安康圆满。（廿）身相犹如仙王，周匝端严光净。（廿一）身之周匝圆光，恒自照耀。（廿二）腹形方正、庄严。（廿三）脐深右旋。（廿四）脐厚不凹不凸。（廿五）皮肤无疥癣。（廿六）手掌柔软，足下安平。（廿七）手纹深长明直。（廿八）唇色光润丹晖，（廿九）面门不长不短，不大不小如量端严。（卅）舌相软薄广长。（卅一）声音威远清澈。（卅二）音韵美妙如深谷响。（卅三）鼻高且直，其孔不现。（卅四）齿方整鲜白。（卅五）牙圆白光洁锋利。（卅六）眼净青白分明。（卅七）眼相修广。（卅八）眼睫齐整稠密。（卅九）双眉长而细软。（四十）双眉呈绀琉璃色。（四一）眉高显形如初月。（四二）耳厚广大修长轮埵成就。（四三）两耳齐平，离众过失。（四四）容仪令见者皆生爱敬。（四五）额广平正。（四六）身威严具足。（四七）发修长绀青，密而不白。（四八）发香洁细润。（四九）发齐不交杂。（五十）发不断落。（五一）发光滑殊妙，尘垢不着。（五二）身体坚固充实。（五三）身体长大端直。（五四）诸窍清净圆好。（五五）身力殊胜无与等者。

（五六）身相众所乐观。（五七）面如秋满月。（五八）颜貌舒泰。（五九）面貌光泽无有颦蹙。（六十）身皮清净无垢，常无臭秽。（六一）诸毛孔常出妙香。（六二）面门常出最上殊胜香。（六三）相周圆妙好。（六四）身毛绀青光净。（六五）法音随众，应理无差。（六六）顶相无能见者。（六七）手足指网分明。（六八）行时其足离地。（六九）自持不待他卫。（七十）威德摄一切。（七一）音声不卑不亢，随众生意。（七二）随诸有情，乐为说法。（七三）一音演说正法，随有情类各令得解。（七四）说法依次第，循因缘。（七五）观有情，赞善毁恶而无爱憎。（七六）所为先观后作，具足轨范。（七七）相好，有情无能观尽。（七八）顶骨坚实圆满。（七九）颜容常少不老。（八十）手足及胸臆前，俱有吉祥喜旋德相（即卍字）。

译文

“须菩提，你认为如何，如来可以凭圆满色身见到他吗？”

“不能够，世尊，不能凭圆满色身见到如来。”

“为什么呢？”

“因为如来所说的圆满色身，就是非圆满色身，它是五蕴因缘和合，缘聚缘散，只是假名为圆满色身。”

“须菩提，你认为如何，如来可以凭三十二相八十种好的诸种相状见到吗？”

“不可以，世尊，如来不可以凭三十二相八十种好的种种相状见到。”

“为什么呢？”

“如来所说的具足种种殊胜相状，即非具足种种殊胜相状，只是性德圆满而示现的一种幻象，为了度化众生而显现的应身，并非真实的法身，不过是一种假名而已。”

非说所说分第二十一

“须菩提，汝勿谓如来作是念：我当有所说法。莫作是念。”

“何以故？”

“若人言：‘如来有所说法。’即为谤佛，不能解我所说故①。须菩提，说法者，无法可说，是名说法②。”

尔时，慧命③须菩提白佛言：“世尊，颇有众生，于未来世闻说是法，生信心不？”

佛言：“须菩提，彼非众生，非不众生④。何以故？须菩提，众生众生⑤者，如来说非众生，是名众生。”

注释

非说所说　《金刚经》五十三家注解题注：“解说非干舌，能言不在声。”上分言身相非身相，本分言说法也非说法。非法而名为法，所以于法也不应有住；非众生而名众生，众生自有佛性，何用佛来灭度？若说如来有所说法，即为谤佛；若说如来有众生可以灭度，也是对佛存有疑误了。诸法的究竟实相，空寂清净，不可言说，不可思议。名言道断，心行处灭，要认识诸法实相，必须断绝言语和思虑。

①“若人言：‘如来有所说法。’即为谤佛，不能解我所说”，王日休注：“谓佛本不说法，以真性无法可说。若以为佛本说法，即为志在于法耳，佛岂志在于法哉。此所以为谤佛，所以为不能解佛所说之故也。”江味农《〈金刚经〉讲义》注：“法是缘生……若以为有所说，是不知其为缘生，而执以为实矣。解得缘生

之义，便知法本无法，故说即无说。即说法者亦是即空即假，即假即空。决不致妄作言念，罪同谤佛。”

②“说法者，无法可说，是名说法”，王日休注：“谓本来无法，特为众生除去外妄而说耳，此法岂真实哉。众生既悟，则不用此法矣，故但虚名为说法而已。”

③“慧命”，法身以智慧为生命，故你慧命，如色身必赖饮食长养，而法身必赖智慧长养。若智慧之命夭伤，则法身之体亡失。《天台四教仪》：“末代钝根，于佛法中起断灭见，夭伤慧命，亡失法身。”此处是尊称须菩提为“慧命”，因为他博闻强识，是以慧为命。

④“彼非众生，非不众生”，一切众生生命的存在，都是幻有，是幻相。都是因缘所生，没有固定。但是众生都有佛性，如果能够明心见性，那就成了佛，也就不叫众生了。佛教谓“一阐提”都能成佛。一阐提指断绝一切善根、无法成佛的人。《涅槃经》五云：“一阐提者，断灭一切诸善根本，心不攀缘一切善法。”“彼非众生”，就是具有佛性，与佛一如。在这个意义上讲，“众生即佛”。但是在尚未解脱时，沉迷六尘，仍是众生，并不是佛。疏钞注：“佛言‘彼非众生’者，皆具真一之性，与佛同源，故曰非众生。言‘非不众生’者，背真逐妄，自丧己灵，故曰非不众生。”江味农《〈金刚经〉讲义》注：“‘非众生’，约性言。‘非不众生’，约相言。意谓言其非众生耶？然而非不众生也。”

⑤“众生众生”，一切众生。王日休注：“‘众生众生’者，谓凡为众生者，则所谓一切众生也。”

译文

“须菩提，你不要以为如来怀有这样的念头：我应当有所说法。不要有这样的想法。”

“那为什么呢？”

“如有人说如来有所说法，那他就是在诽谤，未能理解我所说的般若玄义。须菩提，所谓说法，其实乃无法可以说，才安上个说法的假名。”

这时，慧命须菩提问佛道：“世尊，很有些这样的众生，在未来世里，听说此经后，他还生得起信心不?”

佛陀说：“须菩提，那些众生，并非众生，他们同样本具佛性；也并非不是众生，没能解脱前，也仍是众生。”

“为什么呢?”

“须菩提，一切的众生，如来说他们是非众生，佛性都具在；只是未得解脱，假名为众生。”

无法可得分第二十二

须菩提白佛言：“世尊，佛得阿耨多罗三藐三菩提，为无所得耶?”

佛言：“如是如是。须菩提，我于阿耨多罗三藐三菩提，乃至无有少法可得①，是名阿耨多罗三藐三菩提。”

注释

无法可得　《金刚经》五十三家注解题注：“悟性空故，无法可得。”《六祖坛经》云：“妙性本空，无有一法可得。”自性菩提，人人具足。凡说无得，即是无上菩提，才是真实解脱。凡是说得说失者，那得与失的就是身外之物，不属自性。心念清净，一尘不染，自性菩提，即在其中。阿耨多罗三藐三菩提，即是本来清净的大智慧，并非另有法可得。颜丙注：“有法可得，便为法缚；无法可得，方为解脱。”

①“无有少法可得”，“少法”，少量的法，些微的法。李文

会注："若有少法可得，亦是著相。志公禅师云：'但有纤毫即是尘，举意便为魔所扰。'经云：'若人欲识佛境界，当净其意如虚空。'"

译文

须菩提问佛陀道："世尊，佛大彻大悟了，得到无上正等正觉的大智慧，也就是什么也没有得到吗？"

佛陀回答道："正是这样，正是这样！须菩提，我于无上正等正觉的大智慧，确是不曾得到过些微的法，才名叫无上正等正觉的大智慧。"

净心行善分第二十三

"复次，须菩提，是法平等，无有高下①，是名阿耨多罗三藐三菩提。以无我、无人、无众生、无寿者，修一切善法②，即得阿耨多罗三藐三菩提。须菩提，所言善法者，如来说即非善法，是名善法。"

注释

净心行善　《金刚经》五十三家注解题注："以清净心，行诸善法。"一切真如法性，本来平等，无有高下。人人具足，在圣不增，居凡不损。如果以平等清净心，不着我、人、众生、寿者"四相"，修一切善法，便能明心见性，证得无上菩提。菩提本无法，藉何法而能修？于一一法都不可分别和执著。所谓"善法"，也不过是其假名，空无自性，非是真实。

①"是法平等，无有高下"，任何法都没有高低，以及是非、长短、大小等等之分。李文会注："凡夫不见自性，妄识分别，自生高下，谓佛为高，众生是下。菩萨了悟人、法二空，上自诸

佛，下至蝼蚁，皆有佛性，无所分别。故一切法平等，岂有高下也。”江味农《〈金刚经〉讲义》注：“当知一切法有高有下者，由于众生分别执著之妄见，见其如此耳。其实一切法性，平等平等，哪有高下？既无高下，又哪有无上菩提法？故曰‘是名阿耨多罗三藐三菩提’。盖无以名之，假立此名耳。”“是法”，任何法。“是”，凡，所有。

②“修一切善法”，指合乎于“善”的一切道理、法则，即指五戒、十善、三学、六度等。与“恶法”相对。五戒（一不杀生戒，不杀生物也；二不偷盗戒，不取不与也；三不邪淫戒，不犯与他人配偶淫乱也；四不妄语戒，不为无实之言也；五不饮酒戒，不饮酒也）、十善（不杀生、不偷盗、不邪淫，为身善业；不妄语、不两舌、不恶语、不绮语，为口善业；不贪欲、不嗔恚、不邪见，为意善业）为世间的善法，三学（戒、定、慧）、六度为出世间的善法，二者虽有深浅差异，都是顺理益世之法，所以称为善法。《增一阿含经》卷一“序品”云：“诸恶莫作，诸善奉行，自净其意，是诸佛教。”此四句偈总括一切佛教，佛教的广泛内涵，尽括在此一偈中。大小乘八万之法藏，也是自此一偈流出。《释氏要览》上云：“阿难云：‘诸恶莫作，众善奉行，自净其意，是诸佛教。’世谓之七佛通戒偈。”李文会注：“‘修一切善法’者，若不能离诸相而修善法，终不能得解脱；但离诸相而修善法，即得阿耨多罗三藐三菩提也。”又：“若人于一切事，无染无著；于一切境，不动不摇；于一切法，无取无舍；于一切时，常行方便，随顺众生，令皆欢喜，而为说法，令悟菩提真性，此即名为修善法也。”

译文

“再说，须菩提，任何法都绝对平等，没有高下的分别，因此称之为无上正等正觉大智慧。以无自我、无他人、无众生、无寿命者的清净心，诸恶莫作，修持一切的善法，就能得到这无上正等正觉的大智慧。须菩提，所说的善法，如来说即非善法，只是假名为善法。”

福智无比分第二十四

“须菩提，若三千大千世界中，所有诸须弥山王，如是等七宝聚[①]，有人持用布施。若人以此《般若波罗蜜经》，乃至四句偈等，受持读诵，为他人说，于前福德，百分不及一，百千万亿分，乃至算数譬喻所不能及。”

注释

福智无比　《金刚经》五十三家注解题注：“福智等虚空，无物可比喻。”“福智”，福德与智慧的并称。本分是说诵经的福德和智慧都无可比拟，等同虚空，广袤无涯。菩萨从初发心，修持六度万行，具足所有的福德，能够显现法身，谓之福德庄严；修习正智见，净尽无明（烦恼），能够显现法身，谓之智慧庄严。这就称作二德庄严法身。六度（布施，持戒，忍辱，精进，禅定，智慧）中布施等前五度为福德庄严，第六度为智慧庄严，即般若。又福德属于利他，智慧属于自利。菩萨一切之万行，都摄尽在此二者中。《涅槃经》二十七云：“二种庄严：一者智慧，二者福德。若有菩萨具足如是二种庄严者，则知佛性。”住相布施，能得世间福德，福德虽大终有穷尽，无有解脱之期。正如五祖弘忍所说：“自性若迷，福何可救?”离相布施，能得出世间福德，出离此岸，解脱自在，深入般若智慧，不再生死轮回。

①“等七宝聚”，与此相等同的七宝山堆。“聚”，用为集合名词，为其他经籍及字书所未曾有。

译文

“须菩提，假若有人有用七宝堆成山，与三千大千世界中的所有须弥山加起来的大小相当，拿它们用做布施。又有人拿这整部《般若波罗蜜经》，甚至只是其中的四句偈颂等，自己受持诵读，并为他人讲说。那么，前面那人的福德，赶不上后面那人的福德百分之一，百千万亿分之一，以至少到无法用数字或譬喻来表示。”

化无所化分第二十五

“须菩提，于意云何？汝等勿谓如来作是念：我[①]当度众生[②]。须菩提，莫作是念。”

“何以故？”

“实无有众生如来度者[③]。若有众生如来度者，如来则有我、人、众生、寿者[④]。须菩提，如来说有我者，即非有我，而凡夫[⑤]之人以为有我。须菩提，凡夫者，如来说即非凡夫[⑥]，是名凡夫。”

注释

化无所化　《金刚经》五十三家注解题注：“众生性本空，化亦无所化。”“化”，即以法度众生出离苦海之意。佛与众生无二，佛心与众生心无二，迷即众生，悟即为佛。众生自性本空，无有污染，与佛相同。所谓得度，乃是自性自度，并非为佛所度。“种瓜得瓜，种豆得豆”，不是瓜豆的种子，农人再勤奋也种不出瓜豆来。而如来无我，内不见能度之我，外不见可度之人。如来若著有四相，则与凡夫无异。

①“我”，音译“阿特曼”“阿坦么”，原意为“呼吸”，引申为“生命”“自己”“身体”“自我”“本质”“自性”。泛指己身潜在有一主宰，独立而常存，支配整个个体，即谓是“我”。《唯识论》一云：“‘我’谓主宰。”佛教主张“无我”说，强调“我”之不存在、不真实，五蕴和合的我体为假我，而非有实。《佛地论》一云：“‘我’谓诸蕴世俗假者。”《智度论》一云：“佛弟子辈等，虽知无‘我’随俗法说‘我’，非实我也。”僧若纳注：“如来既无我人等相，云何有时称我？须知假名称‘我’，对所度众生，随时说‘我’。”

②“度众生”，“度”是梵语“波罗蜜”的意译，即从生死之此岸到达解脱涅槃之彼岸。佛教喻生死为苦海，自度生死苦海之后，又复度其他众生，所以称之为“度”。又出家皈依佛教，为觉悟的第一步，所以也称出家为“得度”。

③“实无有众生如来度者”，佛是觉悟了的众生，众生乃未曾觉悟的佛，故称“佛即众生”“众生即佛”。李文会注：“谓诸众生起无量无边烦恼妄想，于一节善恶凡圣等见，有取舍分别之心，迷情盖覆菩提之性。佛出于世，教令觉悟，降六贼，断三毒，除人我。若能了悟人、法二空，无诸妄念，心常空寂，湛然清净，更不停留纤毫滞碍，即是见性，故无众生可度也。”正如镜子沾上了灰尘，不复再见原有的光明，佛陀为之抹去而光明再现。光明是镜子所原有，并非抹灰尘者所给予。所谓得“度”乃是自性自度，自寻解脱的道路，而不是佛、菩萨解救了你，度化了你，所以佛陀才说“实无有众生如来度者”。这是佛教和佛陀的伟大之处，也是她不同于其他宗教或邪教的地方。

④“若有众生如来度者，如来则有我、人、众生、寿者”，谓如来若是认为有众生为自己所度化，亦等同于凡夫，存有分别之心，执著于四相。

⑤“凡夫”，音译作“必栗托佗那”，意译为“异生”，指不明四谛（苦、集、灭、道）凡庸浅识的人。凡夫因为无明的原故，随业受报，不得自在，堕在六道之中轮回，生为种种类别的众生，不同于圣人，所以译作“异生”。《秘藏宝钥》上云：“凡夫作种种业，感种种果，身相万种而生，故名异生。”

⑥“即非凡夫”，王日休注：“非有真实凡夫，但虚名为凡夫而已。此所谓‘随举随扫’也。”

译文

“须菩提，你认为如何？你们不要说如来生有这种念头：我应当灭度众生。须菩提，不要生有这样想法。”

“为什么呢？”

“实际上并没有任何众生是如来灭度的。如说有，那么佛就有了自我、他人、众生、长寿者分别心了。须菩提，如来说有个‘我’，即非有‘我’，然而凡夫却以为确实有个‘我’。须菩提，凡夫者，如来说就是非凡夫，假名叫作凡夫，他们是有待觉悟的佛。”

法身非相分第二十六

“须菩提，于意云何？可以三十二相观[①]如来不？”

须菩提言：“如是，如是，以三十二相观如来。”

佛言：“须菩提，若以三十二相观如来者，转轮圣王[②]即是如来。”

须菩提白佛言：“世尊，如我解佛所说义，不应以三十二相观如来。”

尔时，世尊而说偈言：

“若以色见我，以音声求我，

是人行邪道，不能见如来。”③

注释

法身非相　《金刚经》五十三家题注：“清净法身，非属相貌。”所谓“法身”，佛教指佛的真身。汤用彤《汉魏两晋南北朝佛教史》第二分第十一章：“法身者，圣人成道之神明耳。”如来法身，等同虚空，遍满法界，灵觉含真，妙体湛寂，无漏无为、无生无灭。又作“法佛”“理佛”“法身佛”“自性身”“法性身”“如如佛”“实佛”等。佛陀所说的一切法，以及一切法不住的清净心，也都被视作佛陀的法身。法身非相，离形迹之间，超耳目之外，若不离六尘，以颜色求其形容，以音声求其教诲，那是外道作为，不能见如来真面目。

①“观”，观想思维。“见”属色法，是眼功能；而“观”属心法，有识的成分。《观经净影》疏云：“‘观’者，系念思察，说以为观。”《大乘义章》二云：“粗思名‘觉’，细思名‘观’。”观世音乃“观其音声”的菩萨，就是此义，并非“见”意。川禅师注：“颂曰：泥塑木雕缣彩画，堆青抹绿更妆金。若言此是如来相，笑杀南无观世音！”

②“转轮圣王”，意即旋转轮宝（相当于战车，王游行之处，必自前进，而制伏四方。轮宝有金、银、铜、铁四种，故分金轮王乃至铁轮王之四等）之王。王拥有七宝：轮、象、马、珠、女、居士、主兵臣。具足四德：长寿、无疾病、容貌出色、宝藏丰富。统一须弥四洲，以正法御世，其国土丰饶，人民和乐。《俱舍论》十二云：“此王由轮旋转应导威伏一切，名转轮王。”转轮圣王也具足三十二相，与佛陀相同。但是转轮圣王之相，是由修持福业而来。

③“若以色见我，以音声求我，是人行邪道，不能见如来”，

《疏钞》注："佛言：'善现，汝不可以眼见我之法身，何故？法身无色相，云何见得？'众生妙性亦复如是，不可以见之……如来法身者，非色非声，无形无状，不可以心思，不可以识识，在凡不少，至圣不增，看时不见，悟则全彰。"刘蚪注："音声色相，本自心生，分别之心，皆落邪道。若能见无所见，闻无所闻，知无所知，证无所证，体兹妙理，方见如来。"王日休注："'我'谓真我，乃性佛也。此如来亦谓真性之佛。"

译文

"须菩提，你认为如何，能够凭佛的三十二种身相观见如来吗？"

须菩提答："是啊，是啊，能够凭佛的三十二种身相观见如来。"

佛说："须菩提，如果凭佛的三十二种身相就能观见如来，转轮圣王也有三十二相，那么他也就是如来了。"

须菩提对佛道："世尊，按我对您所说的意思理解，不应该通过三十二身相来观见如来。"

此时，释迦牟尼佛说了四句偈子：

"若是凭色相来见我，
若是借声音来求我，
那种人是走了邪路，
所以不能见到如来。"

无断无灭分第二十七

"须菩提，汝若作是念：如来不以具足相故，得阿耨多罗三藐三菩提。须菩提，莫作是念：如来不以具足相故，得阿耨多罗三藐三菩提。须菩提，汝若作是念：发阿耨多罗三藐三菩提心者，说诸法断灭[①]。莫作是念。”

“何以故？”

“发阿耨多罗三藐三菩提心者，于法不说断灭相[②]。”

注释

无断无灭　《金刚经》五十三家注解题注：“依空又落空，无生断灭见。”佛陀以上说法身非相，切莫执相以求；又担心众生以为我、法俱空，落于断灭见，乃在本分叙述般若法非断非常，无生无灭。真正的“空”是超越有与无二边，无实无虚的中道，不是什么都没有才叫空，而是即有即空、即空即有的真空妙有。所以说：“依空又落空。”而断灭论（又作“断见”）则唯执于一边，以为“一切皆空”，全然否定因果关系，否定诸法的存在。印度的断见外道，以及虚无主义者，皆属断灭论者。南怀瑾《〈金刚经〉说什么》：“‘空’是方便的说法，是个形容辞，如果把空当作真正空得一无所有，那不是空见，那就叫做断灭见。”佛教将“空见”看得非常严重，《无上依经》上云：“若有人执我见如须弥山大，我不惊怖，亦不毁呰。增上慢人执著空见，如一毛发作十六分，我不许可！”

①“发阿耨多罗三藐三菩提心者，说诸法断灭”，王日休注：“‘诸法断灭’者，一切法皆断之灭之而不用也。”

②“发阿耨多罗三藐三菩提心者，于法不说断灭相”，王日休注：“‘相’，谓凡法之相也。佛经所谓相者，凡有者皆谓之相，故昼明则谓之明相，夜暗则谓之暗相。经所说之法则谓之法相，非佛经所说之法则谓之非法相。所以于此言不用法而断灭之者，则谓之断灭相也。且法者，固不可以泥，然亦岂可以断灭之哉。譬如渡水，既渡之后固不须舟楫，未渡之前岂可无舟楫耶？是故既悟之后不需佛法，未悟之前不可以无佛法。所以发无上正等正

觉真性之心者，必须依佛法修行，不可遂断灭佛法，而谓不用法。”江味农《〈金刚经〉讲义》注：“若取法相，即著我人众生寿者。若取非法相，亦复即著我人众生寿者。必须于一切法相，既不取，又不灭，乃能证得平等一如之法性而无我。”

译文

“须菩提，你如果作这样想：如来不是因为具有圆满身相的缘故，而修得无上正等正觉的大智慧。须菩提，你不要有这种念头：如来不是因为具备了圆满身相的缘故，而修得无上正等正觉的大智慧。须菩提，你如果有此心念：发心求无上正等正觉的大智慧的人，认为一切法都是空无，一无所有。须菩提，千万不要有这种想法。”

“那又为什么呢？”

“因为发心修习无上正等正觉大智慧的人，对待法的态度，既不著法相，执著不放；也不著断灭相，认为一无所有。”

不受不贪分第二十八

“须菩提，若菩萨以满恒河沙等世界七宝，持用布施。若复有人，知一切法无我，得成于忍①，此菩萨胜前菩萨所得功德②。”

“何以故？”

“须菩提，以诸菩萨不受福德故③。”

须菩提白佛言：“世尊，云何菩萨不受福德？”

“须菩提，菩萨所作福德，不应贪著④，是故说不受福德。”

注释

不受不贪　《金刚经》五十三家注解题注："不受者，一尘不染，纵有向甚处著？不贪者，心等虚空，欲爱从何处生？"一切法无我，能受之我已空，一尘不染，纵有无量福德，又向谁方着落？心如虚空，清净湛然，菩萨行所当行，本不为求福德，贪欲又由何处生起。

①"一切法无我，得成于忍"，"忍"，能克制，能经受，耐得住。即受到他人侮辱恼害不生嗔恨，自身遭遇苦难能够经受；或为证悟专注于理坚韧不拔。依佛教经论所载，忍有多种分类。"得成于忍"是谓对于诸法无生无灭之理，信念坚确，安定不动，解、行具足。六祖慧能注："通达一切法，无能所（某一动作之主体，称为"能"。其动作之客体对象，称为"所"。例如能见物之眼，称为能见；为眼所见之物，称为所见。依靠他人者，称能依；被依靠者，称所依。修行者，称能行；修行的内容，称所行……能与所具有相即不离与体用的因果关系，所以称能所一体）心，是名为忍。此人所得福德，胜前七宝之福。"李文会注："'得成于忍'者，即知人、法无我，则二执（我、法）不生，成无生忍……夫万法本来无性，皆因自己之所显发。且如眼对色谓之见，耳对声谓之闻，见闻是根，色声是尘。色声未对之时，我性常见常闻，未曾暂灭；色声相对之时，我性未曾暂生。此是菩萨了悟真性，活泼泼地，洞然同于太虚，所以不曾生灭。凡夫即被妄心所覆，随六尘转，即有生灭。故尘起即心起，尘灭即心灭，不知所起（疑脱"生"字）灭心皆是妄念也。若见六尘起灭不生，即是菩提。"

②"此菩萨胜前菩萨所得功德"，菩萨是求道求大觉之人，由于悟解之浅深不同，阶位高下有别等因，菩萨也就分别多种多样（如前面提及的"菩萨摩诃萨"，即求无上菩提的大乘修行者，

称之为“大菩萨”)。而且一切众生，只要具有灵性的，也可称作因地上的菩萨；只是与成就了的菩萨，为果地上的菩萨不同。这里说“此菩萨胜前菩萨所得功德”的话，就是有所区别。

③“以诸菩萨不受福德故”，如果菩萨为求福德而修六度，则是利益自己，非为利益众生，就属贪著。“不受福德”，非拒而不纳，而是不贪著。李文会注：“不贪世间福德果报，谓之不受。”又：“菩萨所作福德，不为自己，止欲利益一切众生，此是无所住心，即无贪著，故云不受福德。”

④“贪著”，即贪。“著”为助词，无义。

译文

“须菩提，假若菩萨用满恒河的沙粒那么多世界的七宝，拿来布施；假如若另有人懂得了一切法都无我，诸法乃是因缘所生，实无自性实体，但是信念坚确，安定不动，解行具足。那么后者得到的功德，超过前者所得的功德。”

“这是为什么呢?”

“因为诸菩萨都不受福德。”

须菩提对佛说：“世尊，为什么菩萨不受福德?”

“须菩提，菩萨所作福德不应该贪恋，所以说菩萨不受福德。”

威仪寂净分第二十九

“须菩提，若有人言：‘如来若来若去，若坐若卧。’是人不解我所说义[①]。何以故？如来者，无所从来，亦无所去，故名如来。”

注释

威仪寂净　《金刚经》五十三家注解题注："四威仪中，性静无染。云庵曰：'威仪者，行住坐卧也。寂静者，去来不动也。'""威仪"，中国传统指仪容举止庄重而有轨则。《左传·襄公三十一年》（北宫文子）对曰："有威而可畏谓之威，有仪而可象谓之仪。"佛教泛指形容衣饰、举止动作的种种律仪规范。《戒本疏》卷一下："行善所及，各有宪章，名威仪也。威谓容仪可观，仪谓轨度格物。"出家之比丘、比丘尼，戒律甚多，有别于在家众，而有"三千威仪，八万律仪"和"僧有三千威仪、六万细行；尼有八万威仪、十二万细行"等说。行、坐、住、卧都有规范，名为"四威仪"。如来即威仪，即寂静，虽现威仪之相，实是寂静之体。如来的威仪，就是呈现三十二相、八十种好，有万德具足、庄严圆满之相；而所言的寂静，即无来无去，非动非静，不生不灭，无往而不在，又无有出入坐卧之迹。《华严经》云："水清月现，月本非来；云遮月隐，月亦非去。"心净见佛，非是佛来；心垢不见，并非佛去。

①"'如来若来若去，若坐若卧。'是人不解我所说义"，如来若是有来去，有坐卧，即是有相，则其人完全不解如来所说空相的义趣。"如来"为佛的十名号之一。"如来"是对其法身的称呼，不生不灭，不来不去，谓其真性自如，而无所不可。中国往往连称"如来佛"，实际"佛"与"如来"同义。法身就是如来，报身就是世尊，化身就是佛陀。法身是体，报身是相，千百亿化身是用。"若"，如，像。《疏钞》注："佛言：若有人言，如来有来有去，有坐有卧，即不解佛意也。何故？只知众生妙性，还有来去坐卧否？众生亦如是，如来亦如是。行住坐卧四威仪中，常住寂灭。若有动者，即云不解所说义也。"

译文

“须菩提，假如有人说，如来是像来像去，似坐似卧，那么此人肯定没有理解我所说法的义理。”

“为什么呢？”

“因为如来并未从哪里来，也没到何处去，法身无相，寂然不动，原无去来，所以名为‘如来’。”

一合理相分第三十

“须菩提，若善男子、善女人，以三千大千世界碎为微尘，于意云何？是微尘众宁为多不？”

须菩提言：“甚多，世尊。”

“何以故？”

“若是微尘众实有者，佛即不说是微尘众[1]。”

“所以者何？”

“佛说微尘众，即非微尘众，是名微尘众。世尊，如来所说三千大千世界，即非世界，是名世界[2]。”

“何以故？”

“若世界实有者，则是一合相[3]。如来说一合相，即非一合相，是名一合相。”

“须菩提，一合相者，即是不可说，但凡夫之人贪著其事。”

注释

一合理相　《金刚经》五十三家注解题注：“真性遍空，强名为一合。凡夫执成相，菩萨契妙理。”“一合相”，指由众缘和合而成的一件事物。三千大千世界与微尘，异而不异，分而不一，合而不离。微尘以因缘聚合成一世界，世界终以因缘离散而化为微尘。微尘、世界都是虚而不实，都是因缘假合，都是假名，都无自我。既然客观世界都是假相，故对万事万物都不可迷恋执著。而凡夫只贪见幻有的假象，唯有菩萨才能领悟此妙理。

①“若是微尘众实有者，佛即不说是微尘众”，“微尘众”，谓其微尘集团。“众”，名词。王日休注：“若是微尘众实有者，佛即不说是微尘众。盖谓真性为实有，则不可说。而此微尘众非实有，故佛说之。是其可说皆为虚妄，唯真性为真实。”

②“如来所说三千大千世界，即非世界，是名世界”，王日休注：“如来所说三千大千世界，即非世界。‘是名世界’者，谓世界亦非为真实，但虚名为世界而已。”或者以为微尘与世界都是如来的比喻说法。李文会注：“微尘者，妄念也。世界者，身之别名也。”

③“一合相”，指由众缘和合而成的一件事物。江味农《〈金刚经〉讲义》注：“‘一合’者，合而为一之谓，犹今语之整个也。”以佛教之观点言之，世间之一切法皆为一合相。《华严经大疏演义钞》曰：“一合相者，众缘和合故。揽众微以成于色，合五阴等以成于人，名一合相。”王日休别解，谓指真性，注云：“一合相，谓真性也。真性遍虚空世界，又无形相，故一而不可分之以为二，合而不可析之以为离，非有相也，强名曰耳。”

译文

“须菩提，假若有善男善女把三千大千世界粉碎为微尘，你认为，这个微尘集团定算多罢？”

须菩提回答说：“很多，世尊。”

“为什么？”

“如果真有那么个微尘集团，佛就不会说是微尘集团了。”

“那又为什么？”

“佛说微尘集团，就是非微尘集团，只是假名叫做微尘集团。世尊，如来说三千大千世界，即是非世界，因此名为世界。”

“这又是为什么？”

“如果世界是实有的话，那么世界就不过是一个因缘和合的集合体。如来说的一个因缘和合的集合体，也即一个非因缘和合的集合体，只是假名叫做因缘和合的集合体。须菩提，所谓因缘和合的集合体者，即是不能用言语表述的，可是凡俗的人却贪恋假象，执著于这个因缘和合的集合体为实有。”

知见不分分第三十一

“须菩提，若人言：‘佛说我见、人见、众生见、寿者见，须菩提，于意云何？是人解我说义不？”

“不也，世尊，是人不解如来所说义。”

“何以故？”

“世尊说我见、人见、众生见、寿者见，即非我见、人见、众生见、寿者见，是名我见、人见、众生见、寿者见[①]。”

“须菩提，发阿耨多罗三藐三菩提心者，于一切法，应如是知，如是见，如是信解，不生法相[②]。须菩提，所言法相者，如来说即非法相，是名法相[③]。”

注释

知见不分　《金刚经》五十三家注解题注：“直下打成一片，知见自然不生。”凡有知见，外不能离六尘，内不能离缘影，知见越多，则越为知见所迷，堕于能知、所知之障里。而真知者，无所知而又无所不知；真见者，无所见却又无所不见。这就是般若妙理。所谓“知见不生”，是指非正知见不生于心；而深明般若真谛，了知清净本源，不生法相，无所执著，则圆融自在。《楞严经》云：“知见立知见，即无明（愚昧）本（根源）；知见无知见，斯即涅槃。”

①“世尊说我见、人见、众生见、寿者见，即非我见、人见、众生见、寿者见，是名我见、人见、众生见、寿者见”，“见”，见解，见地。意谓此四见皆是虚妄不实，但为虚名而已。王日休注：“‘我见’者，谓其见识以为实有我也。‘人见’‘众生见’‘寿者见’者，谓其见识以为实，有人、有众生、有寿者也。此言无此四者之见识，谓真性中皆无此也。以此四见非为真实，故云即非我见、人见、众生见、寿者见，但为虚名而已，故云是名我见、人见、众生见、寿者见，谓此非真性中所有，亦为虚妄故也。”江味农《〈金刚经〉讲义》注：“全经千言万语，无非为破我人四相，而相起于见。至此则说明我见等为缘起假名，本来性空。此义正所以总结全经也。”

②“法相”，“法”，佛教泛指一切事、一切物、一切理和境界。而一切诸法的各别之相，即客观世界的一切现象，由外可见，谓之“法相”。《大乘义章》二云：“一切世谛有为、无为，通名法相。”法由心生，缘成为相，众生以妄念不停而生种种法相。一切法相，皆是假名，本为缘生，当体即空。

③“所言法相者，如来说即非法相，是名法相”，颜丙注：“若发无上正等正觉心者，于一切法应当如此知，如此见，如此信解，不必外求法相。然初入道时，不假法相，故无入头处；既见性了，亦当远离，不必执著。所谓‘得鱼忘却筌’，‘到岸不须船’之说。所以末后为汝划却云：即非法相，假名法相。”

译文

“须菩提，假如有人说我说过，自我、他人、众生、寿者四相存在的见地，那么你想一想，此人理解了我所说的义理没有?”

“没有，世尊。此人没有理解佛所说的义理。”

“为什么呢?”

“因为世尊您所说的自我、他人、众生、寿者四相的见地，也即非自我、他人、众生、寿者四相的见地，所以叫做自我、他人、众生、寿者四相的见地。”

“须菩提，发心求无上正等正觉大智慧的人，对于万事万物，都应当如此去认识，去理解，即不执著于一切事相。须菩提，我所讲的事相，也即非事相，只是称做事相。”

应化非真分第三十二

“须菩提，若有人以满无量阿僧祇世界七宝，持用布施。若有善男子、善女人发菩提心者，持于此经，乃至四句偈等，受持读诵，为人演说，其福胜彼。云何为人演说？不取于相，如如不动[①]。何以故？一切有为法，如梦幻泡影，如露亦如电，应作如是观[②]。”

佛说是经已，长老须菩提，及诸比丘、比丘尼、优婆塞[③]、优婆夷[④]，一切世间天、人、阿修罗，闻佛所说，皆大欢喜，信受奉行[⑤]。

注释

应化非真　《金刚经》五十三家注解题注：“应见设化，亦非真实。”“应化”，佛、菩萨应众生之利益而变现与众生同类之形像，称为应化。“应化非真”，即谓如来的应化身，并不是真实的如来。法身非相，应化非真，有为法空，无为现前。无为无相，如如不动，才能领会和演说《金刚经》般若义旨。“眼若不睡，诸梦自除。心若不异，万法一如。”佛经在卷末列举与会大众，闻法而心生欢喜者，必对经义有所领会，起清净信心。受持不逆，方能欢喜奉行。李文会注：“夫至理名言，真空无相，谓都寂然也。但不著言说，不著知解，即是无言无相。《金刚经》之旨趣本谓此也，是以旋立旋破，止要诸人乃至无有少法可得，即不被一切诸境所惑。若得心地休歇，即谓之清净心，亦谓之本来心，亦谓之到彼岸，亦谓之涅槃，亦谓之解脱，其实一也。”

①“不取于相，如如不动”，“如如”，有不同说解，或谓自在，或谓如理，契合真如。王日休注：“如何为人演说？乃自答云：不取于相，如如不动耳。‘如如不动’者，‘如’者自如之谓，‘如如’，则自如之甚也……而遍历虚空世界常住而未尝动，故曰‘不动’。”真净文禅师注：“‘如如不动’者，学人若谓我知也，学得也，契悟也，解脱也。似此见解，皆是有动心，即是有生灭。若无此心，即一切法皆摄不动，不动即内外皆如，故云如如不动也。”黄念祖《〈金刚经〉一滴》：“经云‘如何为人演说，如如不动’。‘如如’第二个‘如’字，是真如，是实际理体。说法时要如同真如而说。”

②“一切有为法，如梦幻泡影，如露亦如电，应作如是观”，“有为法”，谓有所作为、造作之意，即依附各种条件而生成的事相。又称“有为”。《俱舍论光记》五云：“因缘造作名‘为’，色心等法从因缘生，有彼为故，名曰‘有为’。”因此有为亦为缘起法的别名。广义而言，指由因缘和合所造作的现象；狭义而言，亦特指人的造作行为。也就是一切处于相互联系、生灭变化中的现象，而以生、住、异、灭之“四有”为相为其特征。所

以，有为法乃无常之法，于每一刹那皆在转变、迁移。相对于此，永远不变而绝对存在者，则称为“无为法”或“无为”。一般以五蕴为有为法，大致可分为三种：色法（物质）、心法（心）、非色非心法（非四大所成，故为非色；非与心相应之法，故为非心。又称“不相应法”）三种，称为“三有为”。李文会注：“‘一切有为法’者，生老病死，贫富贵贱，士农工商，赤白青黄，馨香臭秽，有无虚实，深浅高低，皆是妄心起灭有为之法也。一切有为之法，即是世间万事，皆如梦幻泡影，不得久长。”王日休注：“谓有为法，则有相而动，故如此六者。真性则无相而不动，故异于六者也。所谓法者，谓凡有所为者皆是也。上至天地造化，下至人之所为，皆有为法也。然此称六如以设教化，则止谓人事耳。佛以无形相而无所为者为真性，故以一切有为者为伪妄。如幻者，谓有为法非真实，如幻人以草木化作车马仓库之类也。如泡者，谓外像虽有，其中实无。如影者，谓光射则有，光灭则无也。如露者，谓不牢也。如电者，谓不久也。此有为法，应如是以观看，则悟其为空，乃知真性方为真实，不可以不明悟也。”“泡”，浮沤，水泡。《广韵·肴韵》：“泡，水上浮沤。”

③“优波塞”，又译音作“乌波索迦”“优波娑迦”“伊蒲塞”，意为“近事男”“近善男”“信士”“信男”“清信士”等，即在家亲近奉事三宝（佛宝、法宝、僧宝）、受持五戒的男居士。玄应《一切经音义》二十一云：“‘邬波索迦’，或言‘优波娑迦’，近侍也，言‘优婆塞’者，讹也。此云‘近善男’，亦云‘近宿男’，谓近三宝而住宿也。或言‘清信士’‘善宿男’者，义译也。”依《佛本行集经》卷三十二载，佛陀成道后，至差梨尼迦树林结跏趺坐。其时，来自北天竺之帝梨富娑、跋梨迦二商人以麨、酪、蜜所和之抟，供养佛陀，而受三归五戒，是为最初

之优婆塞。

④“优婆夷”，又译音作“优婆私诃”“优婆斯”“优波赐迦”。意为“清信女”、近善女、“近事女”、近宿女、“信女”，即亲近三宝、受三归（归依佛，归依佛宝以为师者；归依法，归依法宝以为药者；归依僧，归依僧宝以为友者）、持五戒、施行善法之女众。玄奘《大唐西域记》九曰：“‘邬波斯迦’，唐言‘近事女’。旧曰‘优波斯’，又曰‘优波夷’，皆讹也。”

⑤“信受奉行”，谓信受如来所说之法而奉行。多用于佛经文末。

译文

“须菩提，假如有人拿能装满无数的世界那么多的七宝来布施；假如有善男善女发起菩提心，对于这部《金刚经》，甚至只对其中的四句偈语等，受持、读诵、给人演说，后者所得的福德胜过前者。怎么样去给他人演说呢？即不执著于一切的事相，心境寂然，如如不动。”

“这又是为什么呢？”

“一切有为法，都如梦幻泡影，又如露水，亦如雷电，都是虚妄不实，幻有幻灭，应当这般的去看待它方是。”

释迦牟尼佛说完了这部《金刚经》。

长老须菩提、比丘、比丘尼和所有的优婆塞、优婆夷以及世间所有的天、人、阿修罗，听罢佛陀演说此经，全都非常高兴，从此信仰，受持，遵奉，修行不辍。

附：大般若波罗蜜多经卷第五百七十七·第九能断金刚分

唐三藏法师玄奘奉诏译

1

如是我闻。

一时薄伽梵在室罗筏住誓多林给孤独园，与大苾刍众千二百五十人俱。

尔时，世尊于日初分，整理裳服，执持衣钵，入室罗筏大城乞食。时薄伽梵于其城中行乞食已，出还本处。饭食讫，收衣钵、洗足已。于食后时，敷如常座，结跏趺坐，端身正愿，住对面念。

时诸苾刍来诣佛所。到已，顶礼世尊双足，右绕三匝，退坐一面。具寿善现亦于如是众会中坐。

2

尔时众中具寿善现从座而起，偏袒一肩，右膝着地，合掌恭敬而白佛言："希有世尊，乃至如来应正等觉，能以最胜摄受摄受诸菩萨摩诃萨，乃至如来应正等觉，能以最胜付嘱付嘱诸菩萨摩诃萨。世尊，诸有发趣菩萨乘者，应云何住？云何修行？云何摄伏其心？"作是语已。

尔时世尊告具寿善现曰："善哉，善哉。善现，如是，如是，如汝所说。乃至如来应正等觉，能以最胜摄受摄受诸菩萨摩诃萨，乃至如来应正等觉，能以最胜付嘱付嘱诸菩萨摩诃萨。是故善现，汝应谛听，极善作意，吾当为汝分别解说。诸有发趣菩萨乘者，应如是住，如是修行，如是摄伏其心。"具寿善现白佛言：

“如是，如是，世尊，愿乐欲闻。”

3

佛言：“善现，诸有发趣菩萨乘者，应当发趣如是之心。所有诸有情，有情摄所摄，若卵生、若胎生、若湿生、若化生、若有色、若无色、若有想、若无想、若非有想非无想，乃至有情界，施设、所施设。如是一切，我当皆令于无余依妙涅槃界而般涅槃。虽度如是无量有情令灭度已，而无有情得灭度者。”

“何以故？”

“善现，若诸菩萨摩诃萨有情想转，不应说名菩萨摩诃萨。”

“所以者何？”

“善现，若诸菩萨摩诃萨不应说言有情想转，如是命者想、士夫想、补特伽罗想、意生想、摩纳婆想、作者想、受者想，转当知亦尔。”

“何以故？”

“善现，无有少法名为发趣菩萨乘者。”

4

“复次，善现，若菩萨摩诃萨不住于事应行布施，都无所住应行布施。不住于色应行布施，不住声、香、味、触、法应行布施。善现，如是菩萨摩诃萨如不住相想应行布施。”

“何以故？”

“善现，若菩萨摩诃萨都无所住而行布施，其福德聚不可取量。”

佛告善现：“于汝意云何？东方虚空可取量不？”

善现答言：“不也，世尊。”

“善现，如是南西北方，四维上下，周遍十方，一切世界虚空可取量不？”

善现答言：“不也，世尊。

佛言："善现，如是，如是。若菩萨摩诃萨都无所住而行布施，其福德聚不可取量亦复如是。善现，菩萨如是如不住相想应行布施。"

5

佛告善现："于汝意云何？可以诸相具足观如来不？"

善现答言："不也，世尊。不应以诸相具足观于如来。"

"何以故？"

"如来说诸相具足即非诸相具足。"

说是语已，佛复告具寿善现言："善现，乃至诸相具足，皆是虚妄。乃至非相具足，皆非虚妄。如是以相非相应观如来。"

6

说是语已，具寿善现复白佛言："世尊，颇有有情，于当来世后时后分后五百岁，正法将灭时分转时，闻说如是色经典句生实想不？"

佛告善现："勿作是说：'颇有有情于当来世后时后分后五百岁，正法将灭时分转时，闻说如是色经典句生实想不？'然复善现，有菩萨摩诃萨于当来世后时后分后五百岁，正法将灭时分转时，具足尸罗、具德、具慧。

"复次，善现，彼菩萨摩诃萨非于一佛所承事供养。非于一佛所种诸善根。然复善现，彼菩萨摩诃萨于其非一百千佛所承事供养，于其非一百千佛所种诸善根，乃能闻说如是色经典句，当得一净信心。

"善现，如来以其佛智悉已知彼，如来以其佛眼悉已见彼。善现，如来悉已觉彼，一切有情当生无量无数福聚，当摄无量无数福聚。"

"何以故？"

"善现，彼菩萨摩诃萨，无我想转无有情想、无命者想、无士夫想、无补特伽罗想、无意生想、无摩纳婆想、无作者想、无受者想转。善现，彼菩萨摩诃萨无法想转、无非法想转；无想转、亦无非想转。”

“所以者何？”

“善现，若菩萨摩诃萨有法想转，彼即应有我执、有情执、命者执、补特伽罗等执。若有非法想转，彼亦应有我执、有情执、命者执、补特伽罗等执。”

“何以故？”

“善现，不应取法，不应取非法。是故如来密意而说筏喻法门。诸有智者法尚应断，何况非法？”

7

佛复告具寿善现言：“善现，于汝意云何？颇有少法如来应正等觉证得阿耨多罗三藐三菩提耶？颇有少法如来应正等觉是所说耶？”

善现答言：“世尊，如我解佛所说义者，无有少法如来应正等觉证得阿耨多罗三藐三菩提，亦无有少法是如来应正等觉所说。”

“何以故？”

“世尊，如来应正等觉所证所说所思维法，皆不可取，不可宣说，非法、非非法。”

“何以故？”

“以诸贤圣补特伽罗皆是无为之所显故。”

8

佛告善现：“于汝意云何？若善男子或善女人，以此三千大千世界盛满七宝持用布施，是善男子或善女人，由此因缘所生福聚，宁为多不？”

善现答言：“甚多，世尊。”

“甚多，善逝。是善男子或善女人，由此因缘所生福聚其量甚多。”

“何以故？”

“世尊，福德聚、福德聚者，如来说为非福德聚，是故如来说名福德聚、福德聚。”

佛复告善现言：“善现，若善男子或善女人，以此三千大千世界盛满七宝持用布施。若善男子或善女人，于此法门乃至四句伽陀受持读诵、究竟通利，及广为他宣说开示，如理作意。由是因缘所生福聚，甚多于前无量无数。”

“何以故？”

“一切如来应正等觉阿耨多罗三藐三菩提皆从此经出，诸佛世尊皆从此经生。”

“所以者何？”

“善现，诸佛法、诸佛法者，如来说为非诸佛法，是故如来说名诸佛法、诸佛法。”

9

佛告善现：“于汝意云何？诸预流者颇作是念：我能证得预流果不？”善现答言：“不也，世尊。诸预流者不作是念：我能证得预流之果。”

“何以故？”

“世尊，诸预流者无少所预，故名预流。不预色、声、香、味、触、法，故名预流。世尊，若预流者作如是念：我能证得预流之果。即为执我、有情、命者、士夫、补特伽罗等。”

佛告善现：“于汝意云何？诸一来者颇作是念：我能证得一来果不？”

善现答言：“不也，世尊。诸一来者不作是念：我能证得一来之果。”

“何以故？”

“世尊，以无少法证一来性，故名一来。”

佛告善现：“于汝意云何？诸不还者颇作是念：我能证得不还果不？”

善现答言：“不也，世尊。诸不还者不作是念：我能证得不还之果。”

“何以故？”

“世尊，以无少法证不还性，故名不还。”

佛告善现：“于汝意云何？诸阿罗汉颇作是念：我能证得阿罗汉不？”

善现答言：“不也，世尊。诸阿罗汉不作是念：我能证得阿罗汉性。”

“何以故？”

“世尊，以无少法名阿罗汉，由是因缘名阿罗汉。世尊，若阿罗汉作如是念：我能证得阿罗汉性。即为执我、有情、命者、士夫、补特伽罗等。”

“所以者何？”

“世尊，如来应正等觉说我得无诤住最为第一。世尊，我虽是阿罗汉，永离贪欲。而我未曾作如是念：我得阿罗汉，永离贪欲。世尊，我若作如是念：我得阿罗汉，永离贪欲者，如来不应记说我言。”

“善现，善男子，得无诤住最为第一。以都无所住，是故如来说名无诤住、无诤住。”

10

佛告善现：“于汝意云何？如来昔在然灯如来应正等觉所，颇于少法有所取不？”

善现答言：“不也，世尊，如来昔在然灯如来应正等觉所，都无少法而有所取。”

佛告善现：“若有菩萨作如是言：‘我当成办佛土功德庄严。’如是菩萨，非真实语。”

“何以故？”

“善现，佛土功德庄严、佛土功德庄严者，如来说非庄严，是故如来说名佛土功德庄严、佛土功德庄严。是故，善现，菩萨如是都无所住应生其心。不住于色应生其心，不住非色应生其心。不住声、香、味、触、法应生其心，不住非声、香、味、触、法应生其心，都无所住应生其心

佛告善现：“如有士夫具身大身，其色自体，假使譬如妙高山王。善现，于汝意云何？彼之自体为广大不？”

善现答言：“彼之自体广大，世尊。广大，善逝。”

“何以故？”

“世尊，彼之自体，如来说非彼体，故名自体。非以彼体，故名自体。”

11

佛告善现：“于汝意云何？乃至殑伽河中所有沙数，假使有如是沙等殑伽河，是诸殑伽河沙宁为多不？”

善现答言：“甚多，世尊。甚多，善逝。诸殑伽河尚多无数，何况其沙。”

佛言：“善现，吾今告汝，开觉于汝。假使若善男子或善女人，以妙七宝盛满尔所殑伽河沙等世界，奉施如来应正等觉。善现，于汝意云何？是善男子或善女人，由此因缘所生福聚宁为多不？”

善现答言：“甚多，世尊。甚多，善逝。是善男子或善女人，由此因缘所生福聚其量甚多。”

佛复告善现：“若以七宝盛满尔所沙等世界，奉施如来应正

等觉。若善男子或善女人，于此法门乃至四句伽他，受持读诵，究竟通利。及广为他宣说开示，如理作意。由此因缘所生福聚，甚多于前无量无数。”

12

“复次，善现，若地方所，于此法门，乃至为他宣说开示四句伽他。此地方所，尚为世间诸天及人、阿素洛等之所供养，如佛灵庙。何况有能于此法门，具足究竟书写受持读诵，究竟通利，及广为他宣说开示，如理作意。如是有情，成就最胜希有功德。此地方所，大师所住。或随一一尊重处所，若诸有智同梵行者。”

13

说是语已，具寿善现复白佛言：“世尊，当何名此法门？我当云何奉持？”

作是语已，佛告善现言：“具寿，今此法门，名为‘能断金刚般若波罗蜜多’，如是名字，汝当奉持。”

“何以故？”

“善现，如是般若波罗蜜多，如来说为非般若波罗蜜多，是故如来说名般若波罗蜜多。”

佛告善现：“于汝意云何？颇有少法如来可说不？”

善现答言：“不也，世尊，无有少法如来可说。”

佛告善现：“乃至三千大千世界大地微尘，宁为多不？”

善现答言：“此地微尘甚多，世尊。甚多，善逝。”

佛言：“善现，大地微尘，如来说非微尘，是故如来说名大地微尘。诸世界，如来说非世界，是故如来说名世界。”

佛告善现：“于汝意云何？应以三十二大士夫相观于如来应正等觉不？”

善现答言：“不也，世尊，不应以三十二大士夫相观于如来应正等觉。”

“何以故?”

“世尊，三十二大士夫相，如来说为非相，是故如来说名三十二大士夫相。”

佛复告善现言：“假使若有善男子或善女人，于日日分舍施殑伽河沙等自体，如是经殑伽河沙等劫数舍施自体。复有善男子或善女人，于此法门乃至四句伽他，受持读诵，究竟通利，及广为他宣说开示，如理作意。由是因缘所生福聚甚多于前无量无数。”

14

尔时具寿善现闻法威力，悲泣堕泪，俛仰扪泪，而白佛言：“甚奇希有世尊，最极希有善逝如来今者所说法门，普为发趣最上乘者作诸义利，普为发趣最胜乘者作诸义利。世尊，我昔生智以来，未曾得闻如是法门。世尊，若诸有情闻说如是甚深经典，生真实想，当知成就最胜希有。”

“何以故?”

“世尊，诸真实想、真实想者，如来说为非想，是故如来说名真实想、真实想。世尊，我今闻说如是法门，领悟信解，未为希有。若诸有情，于当来世后时后分后五百岁，正法将灭时分转时，当于如是甚深法门，领悟信解，受持读诵，究竟通利，及广为他宣说开示，如理作意，当知成就最胜希有。”

“何以故?”

“世尊，彼诸有情无我想转，无有情想、无命者想、无士夫想、无补特伽罗想、无意生想、无摩纳婆想、无作者想、无受者想转。”

“所以者何?”

“世尊，诸我想即是非想，诸有情想、命者想、士夫想、补特伽罗想、意生想、摩纳婆想、作者想、受者想，即是非想。”

“何以故?”

“诸佛世尊离一切想。”

作是语已，尔时世尊告具寿善现言：“如是，如是。善现，若诸有情闻说如是甚深经典，不惊不惧，无有怖畏，当知成就最胜希有。”

“何以故?”

“善现，如来说最胜波罗蜜多，谓般若波罗蜜多。善现，如来所说最胜波罗蜜多，无量诸佛世尊所共宣说，故名最胜波罗蜜多。如来说最胜波罗蜜多，即非波罗蜜多，是故如来说名最胜波罗蜜多。

“复次，善现，如来说忍辱波罗蜜多，即非波罗蜜多，是故如来说名忍辱波罗蜜多。”

“何以故?”

“善现，我昔过去世曾为羯利王断支节肉。我于尔时，都无我想或有情想，或命者想，或士夫想，或补特伽罗想，或意生想，或摩纳婆想，或作者想，或受者想。我于尔时都无有想，亦非无想。”

“何以故?”

“善现，我于尔时若有我想，即于尔时应有恚想。我于尔时若有有情想、命者想、士夫想、补特伽罗想、意生想、摩纳婆想、作者想、受者想、即于尔时应有恚想。”

“何以故?”

“善现，我忆过去五百生中，曾为自号忍辱仙人。我于尔时都无我想，无有情想，无命者想，无士夫想，无补特伽罗想，无意生想，无摩纳婆想，无作者想，无受者想。我于尔时都无有想，亦非无想。是故善现，菩萨摩诃萨远离一切想，应发阿耨多罗三藐三菩提心。不住于色应生其心，不住非色应生其心。不住声、香、味、触、法应生其心，不住非声、香、味、触、法应生其心。都无所住应生其心。”

“何以故？”

“善现，诸有所住则为非住。是故如来说诸菩萨，应无所住而行布施。不应住色、声、香、味、触、法而行布施。

“复次，善现。菩萨摩诃萨为诸有情作义利故，应当如是弃舍布施。”

“何以故？”

“善现，诸有情想即是非想。一切有情，如来即说为非有情。善现，如来是实语者，谛语者，如语者，不异语者。

“复次，善现。如来现前等所证法，或所说法，或所思法，即于其中非谛非妄。善现，譬如士夫入于闇室，都无所见。当知菩萨若堕于事，谓堕于事而行布施，亦复如是。善现，譬如明眼士夫，过夜晓已，日光出时，见种种色。当知菩萨不堕于事，谓不堕事而行布施，亦复如是。

“复次，善现。若善男子或善女人，于此法门，受持读诵，究竟通利，及广为他宣说开示，如理作意，则为如来以其佛智悉知是人，则为如来以其佛眼悉见是人，则为如来悉觉是人。如是有情，一切当生无量福聚。”

15

“复次，善现。假使善男子或善女人，日初时分以殑伽河沙等自体布施，日中时分复以殑伽河沙等自体布施，日后时分亦以殑伽河沙等自体布施，由此异门经于俱胝那庾多百千劫以自体布施。若有闻说如是法门不生诽谤，由此因缘所生福聚，尚多于前无量无数。何况能于如是法门具足毕竟，书写受持读诵，究竟通利，及广为他宣说开示，如理作意。

“复次，善现。如是法门不可思议，不可称量，应当希冀不可思议所感异熟。

“善现，如来宣说如是法门，为欲饶益趣最上乘诸有情故，为欲饶益趣最胜乘诸有情故。善现，若有于此法门受持读诵，究竟通利，及广为他宣说开示，如理作意，即为如来以其佛智悉知是人，即为如来以其佛眼悉见是人，则为如来悉觉是人。如是有情，一切成就无量福聚，皆当成就不可思议不可称量无边福聚。善现，如是一切有情，其肩荷担如来无上正等菩提。”

“何以故？”

“善现，如是法门，非诸下劣信解有情所能听闻，非诸我见、非诸有情见、非诸命者见、非诸士夫见、非诸补特伽罗见、非诸意生见、非诸摩纳婆见、非诸作者见、非诸受者见所能听闻。此等若能受持读诵，究竟通利，及广为他宣说开示，如理作意，无有是处。

“复次，善现。若地方所开此经典，此地方所当为世间诸天及人、阿素洛等之所供养，礼敬右绕，如佛灵庙。”

16

“复次，善现。若善男子或善女人，于此经典受持读诵，究竟通利，及广为他宣说开示，如理作意。若遭轻毁，极遭轻毁。”

“所以者何？”

“善现，是诸有情，宿生所造诸不净业，应感恶趣。以现法中遭轻毁故，宿生所造诸不净业皆悉消尽，当得无上正等菩提。”

“何以故？”

“善现，我忆过去于无数劫，复过无数，于然灯如来应正等觉先复过先。曾值八十四俱胝那庾多百千诸佛，我皆承事。既承事已，皆无违犯。善现，我于如是诸佛世尊皆得承事，既承事已，皆无违犯。若诸有情，后时后分后五百岁，正法将灭时分转

时。于此经典，受持读诵，究竟通利，及广为他宣说开示，如理作意。善现，我先福聚于此福聚，百分计之所不能及，如是千分若百千分，若俱胝百千分，若俱胝那庾多百千分，若数分，若计分，若算分，若喻分，若邬波尼杀昙分，亦不能及。善现，我若具说，当于尔时，是善男子或善女人所生福聚，乃至是善男子是善女人所摄福聚，有诸有情则便迷闷，心惑狂乱。是故，善现，如来宣说如是法门，不可思议，不可称量，应当希冀不可思议所感异熟。”

17

尔时具寿善现复白佛言：“世尊，诸有发趣菩萨乘者，应云何住？云何修行？云何摄伏其心？”

佛告善现：“诸有发趣菩萨乘者，应当发起如是之心：我当皆令一切有情于无余依妙涅槃界而般涅槃。虽度如是一切有情令灭度已，而无有情得灭度者。”

“何以故？”

“善现，若诸菩萨摩诃萨有情想转，不应说名菩萨摩诃萨。”

“所以者何？”

“若诸菩萨摩诃萨不应说言有情想转，如是命者想、士夫想、补特伽罗想、意生想、摩纳婆想、作者想、受者想转，当知亦尔。”

“何以故？”

“善现，无有少法名为发趣菩萨乘者。”

佛告善现：“于汝意云何？如来昔于然灯如来应正等觉所，颇有少法能证阿耨多罗三藐三菩提不？”

作是语已，具寿善现白佛言：“世尊，如我解佛所说义者，如来昔于然灯如来应正等觉所，无有少法能证阿耨多罗三藐三菩提。”

说是语已，佛告具寿善现言："如是，如是。善现，如来昔于然灯如来应正等觉所，无有少法能证阿耨多罗三藐三菩提。何以故？善现，如来昔于然灯如来应正等觉所，若有少法能证阿耨多罗三藐三菩提者，然灯如来应正等觉不应授我记言：'汝摩纳婆于当来世，名释迦牟尼如来应正等觉。'善现，以如来无有少法能证阿耨多罗三藐三菩提，是故然灯如来应正等觉授我记言：'汝摩纳婆于当来世名释迦牟尼如来应正等觉。'"

"所以者何？"

"善现，言如来者，即是真实真如增语；言如来者，即是无生法性增语；言如来者，即是永断道路增语；言如来者，即是毕竟不生增语。"

"何以故？"

"善现，若实无生即最胜义。善现，若如是说如来应正等觉能证阿耨多罗三藐三菩提者，当知此言为不真实。"

"所以者何？"

"善现，由彼谤我起不实执。"

"何以故？"

"善现，无有少法如来应正等觉能证阿耨多罗三藐三菩提。善现，如来现前等所证法，或所说法，或所思法，即于其中非谛非妄，是故如来说一切法皆是佛法。善现，一切法、一切法者，如来说非一切法，是故如来说名一切法、一切法。"

佛告善现："譬如士夫具身大身。"

具寿善现即白佛言："世尊，如来所说士夫具身大身，如来说为非身，是故说名具身大身。"

佛言善现："如是，如是。若诸菩萨作如是言：'我当灭度无量有情。'是则不应说名菩萨。"

"何以故？"

“善现，颇有少法名菩萨不?”

善现答言：“不也，世尊，无有少法名为菩萨。”

佛告善现：“有情、有情者，如来说非有情，故名有情。是故，如来说一切法无有有情，无有命者、无有士夫、无有补特伽罗等。善现，若诸菩萨作如是言：‘我当成办佛土功德庄严。’亦如是说。”

“何以故?”

“善现，佛土功德庄严、佛土功德庄严者，如来说非庄严，是故如来说名佛土功德庄严、佛土功德庄严。善现，若诸菩萨于无我法、无我法深信解者，如来应正等觉说为菩萨、菩萨。”

18

佛告善现：“于汝意云何？如来等现有肉眼不?”

善现答言：“如是，世尊，如来等现有肉眼。”

佛言善现：“于汝意云何？如来等现有天眼不?”

善现答言：“如是，世尊，如来等现有天眼。”

佛言善现：“于汝意云何？如来等现有慧眼不?”

善现答言：“如是，世尊，如来等现有慧眼。”

佛言善现：“于汝意云何？如来等现有法眼不?”

善现答言：“如是，世尊，如来等现有法眼。”

佛言善现：“于汝意云何？如来等现有佛眼不?”

善现答言：“如是，世尊，如来等现有佛眼。”

佛告善现：“于汝意云何？乃至殑伽河中所有诸沙，如来说是沙不?”

善现答言：“如是，世尊。如是，善逝。如来说是沙。”

佛言善现：“于汝意云何？乃至殑伽河中所有沙数，假使有如是等殑伽河，乃至是诸殑伽河中所有沙数，假使有如是等世界，是诸世界宁为多不?”

善现答言：“如是，世尊。如是，善逝。是诸世界其数甚多。”

佛言善现：“乃至尔所诸世界中所有有情，彼诸有情各有种种，其心流注我悉能知。”

“何以故？”

“善现，心流注、心流注者，如来说非流注，是故如来说名心流注、心流注。”

“所以者何？”

“善现，过去心不可得，未来心不可得，现在心不可得。”

19

佛告善现：“于汝意云何？若善男子或善女人，以此三千大千世界盛满七宝，奉施如来应正等觉。是善男子或善女人，由是因缘所生福聚宁为多不？”

善现答言：“甚多，世尊。甚多，善逝。”

佛言善现：“如是，如是。彼善男子或善女人，由此因缘所生福聚其量甚多。”

“何以故？”

“善现，若有福聚，如来不说福聚、福聚。”

20

佛告善现：“于汝意云何？可以色身圆实观如来不？”

善现答言：“不也，世尊，不可以色身圆实观于如来。”

“何以故？”

“世尊，色身圆实、色身圆实者，如来说非圆实，是故如来说名色身圆实、色身圆实。”

佛告善现：“于汝意云何？可以诸相具足观如来不？”

善现答言：“不也，世尊，不可以诸相具足观于如来。”

“何以故？”

“世尊，诸相具足、诸相具足者，如来说为非相具足，是故如来说名诸相具足、诸相具足。”

21

佛告善现：“于汝意云何？如来颇作是念：我当有所说法耶？善现：汝今勿当作如是观。”

“何以故？“

“善现，若言如来有所说法，即为谤我，为非善取。”

“何以故?”

“善现，说法、说法者，无法可得，故名说法。”

尔时具寿善现白佛言：“世尊，于当来世后时后分后五百岁，正法将灭时分转时，颇有有情闻说如是色类法已，能深信不?”

佛言善现：“彼非有情，非不有情。”

“何以故?”

“善现，一切有情者，如来说非有情，故名一切有情。”

22

佛告善现：“于汝意云何？颇有少法如来应正等觉现证无上正等菩提耶?”

具寿善现白佛言：“世尊，如我解佛所说义者，无有少法如来应正等觉现证无上正等菩提。”

佛言善现：“如是，如是。于中少法无有无得，故名无上正等菩提。”

23

“复次，善现，是法平等，于其中间无不平等，故名无上正等菩提。以无我性，无有情性，无命者性，无士夫性，无补特伽罗等性，平等，故名无上正等菩提。一切善法无不现证，一切善法无不妙觉。善现，善法、善法者，如来一切说为非法，是故如来说名善法、善法。”

24

“复次，善现，若善男子或善女人，集七宝聚，量等三千大千世界其中所有妙高山王，持用布施。若善男子或善女人，于此般若波罗蜜多经中，乃至四句伽他，受持读诵，究竟通利，及广为他宣说开示，如理作意。善现，前说福聚，于此福聚，百分计之所不能及，如是千分、若百千分、若俱胝百千分、若俱胝那庾多百千分，若数分、若计分、若算分、若喻分，若乌波尼杀昙分，亦不能及。”

25

佛告善现：“于汝意云何？如来颇作是念：‘我当度脱诸有情’耶？善现，汝今勿当作如是观。”

“何以故？”

“善现，无少有情如来度者。善现，若有有情如来度者，如来即应有其我执、有有情执、有命者执、有士夫执、有补特伽罗等执。善现，我等执者，如来说为非执，故名我等执，而诸愚夫、异生强有此执。善现，愚夫、异生者，如来说为非生，故名愚夫、异生。”

26

佛告善现：“于汝意云何？可以诸相具足观如来不？”

善现答言：“如我解佛所说义者，不应以诸相具足观于如来。”佛言善现：“善哉，善哉。如是，如是。如汝所说，不应以诸相具足观于如来。善现，若以诸相具足观如来者，转轮圣王应是如来，是故不应以诸相具足观于如来。如是应以诸相非相观于如来。”

尔时世尊而说颂曰：

“诸以色观我，以音声寻我。

彼生履邪断，不能当见我。

应观佛法性，即导师法身。

法性非所识，故彼不能了。”

27

佛告善现：“于汝意云何？如来应正等觉，以诸相具足，现证无上正等觉耶？善现，汝今勿当作如是观。”

“何以故？”

“善现，如来应正等觉，不以诸相具足，现证无上正等菩提。”

“复次，善现，如是发趣菩萨乘者，颇施设少法，若坏若断耶？善现，汝今勿当作如是观。诸有发趣菩萨乘者，终不施设少法，若坏若断。”

28

“复次，善现。若善男子或善女人，以殑伽河沙等世界，盛满七宝，奉施如来应正等觉。若有菩萨于诸无我无生法中获得堪忍，由是因缘所生福聚甚多于彼。”

“复次，善现。菩萨不应摄受福聚。”

具寿善现即白佛言：“世尊，云何菩萨不应摄受福聚。”

佛言善现：“所应摄受，不应摄受，是故说名所应摄受。”

29

“复次，善现。若有说言如来若去若来、若住若坐若卧，是人不解我所说义。”

“何以故？”

“善现，言如来者，即是真实真如增语。都无所去，无所从来，故名如来应正等觉。”

30

“复次，善现。若善男子或善女人，乃至三千大千世界大地极微尘量等世界，即以如是无数世界，色像为墨，如极微聚。善现，于汝意云何？是极微聚宁为多不？

善现答言：“是极微聚甚多，世尊。甚多，善逝。”

“何以故？”

“世尊，若极微聚是实有者，佛不应说为极微聚。”

“所以者何？”

“如来说极微聚，即为非聚，故名极微聚。如来说三千大千世界，即非世界，故名三千大千世界。”

“何以故？”

“世尊，若世界是实有者，即为一合执。如来说一合执，即为非执，故名一合执。”

佛言善现：“此一合执不可言说，不可戏论。然彼一切愚夫、异生强执是法。”

“何以故？”

31

“善现，若作是言：如来宣说我见、有情见、命者见、士夫见、补特伽罗见、意生见、摩纳婆见、作者见、受者见，于汝意云何？如是所说为正语不？“

善现答言：“不也，世尊。不也，善逝。如是所说，非为正语。”

“所以者何？”

“如来所说我见、有情见、命者见、士夫见、补特伽罗见、意生见、摩纳婆见、作者见、受者见，即为非见，故名我见，乃至受者见。”

佛告善现：“诸有发趣菩萨乘者，于一切法应如是知，应如是见，应如是信解，如是不住法想。”

“何以故？”

“善现，法想、法想者，如来说为非想，是故如来说名法想、

法想。”

32

“复次，善现，若菩萨摩诃萨，以无量无数世界盛满七宝，奉施如来应正等觉。若善男子或善女人，于此般若波罗蜜多经中，乃至四句伽他，受持读诵，究竟通利，如理作意，及广为他宣说开示。由此因缘所生福聚，甚多于前无量无数。云何为他宣说开示？如不为他宣说开示，故名为他宣说开示。”

尔时世尊而说颂曰：

“诸和合所为，如星翳灯幻。

露泡梦电云，应作如是观。”

时薄伽梵说是经已，尊者善现及诸苾刍、苾刍尼、邬波索迦、邬波斯迦，并诸世间天、人、阿素洛健达缚等，闻薄伽梵所说经已，皆大欢喜，信受奉行。

（段落前加添的数字，乃为方便读者对照参阅，为原文所无。）

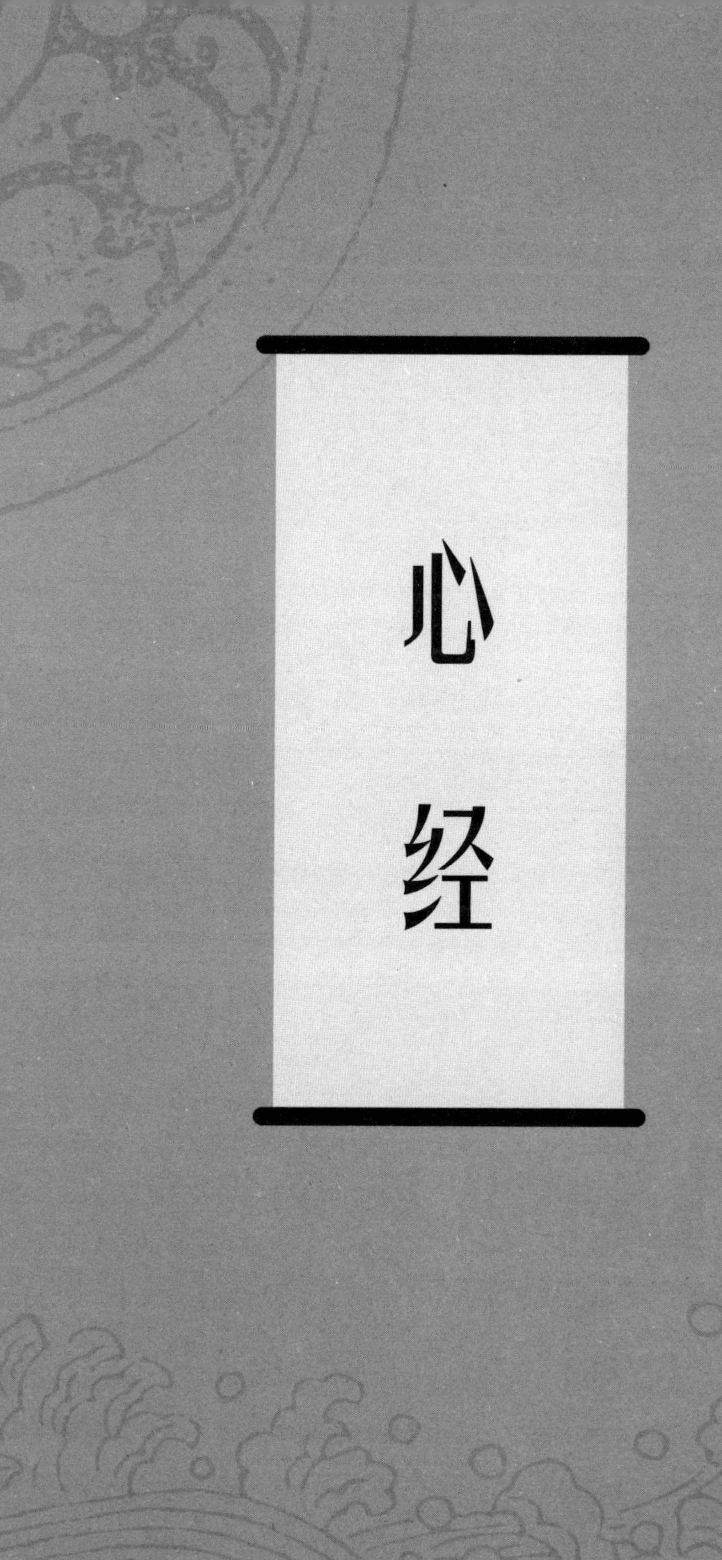

心经

解题

《般若（bōrě）波罗蜜多心经》，是大乘佛教重要经典。略称《般若心经》《心经》。全经共五十四句，二百六十七字。弘一《〈般若波罗蜜多心经〉讲录》称：“《心经》虽仅二百余字，摄全部佛法。”

“般若波罗蜜多”，此是梵文的译音。据《翻译名义集》载玄奘提出的五种不翻中，属于中文没有相当的对应词语，以示尊重。五种不翻是谓：“一、秘密故，如陀罗尼（指密咒）。二、含多义故，如‘薄伽梵’具六义。三、此（指中华地域）无故，如‘阎净树’，中夏实无此木。四、顺古故，如‘阿耨菩提’（‘阿耨多罗三藐三菩提’之略），非不可翻，而摩腾（汉明帝时，天竺僧人摩腾、竺法兰，初自以白马驮经而来）以来，常存梵音。五、生善故，如‘般若’尊重，‘智慧’轻浅。”

“般若”，直译相当汉语的“智慧”。清·元贤《〈般若波罗蜜多心经〉指掌》云：“‘般若’，此云‘智慧’，即神悟玄奥，妙契真源也。”即能照知事物的实相，只有佛菩萨方才具有。所以又称之为“佛慧”，或“菩提智”，或称作“无分别智”。至于凡夫的智慧，则是由外物所引生，必须先有色与声，才会能见和能闻。一如玄奘所说：“‘般若’尊重，‘智慧’轻浅。”所以宁肯采用译音，也不用智慧来翻般若。通常说般若有三种：一是实相般若，为真空之体；二是观照般若，为实相之用；三是文字般若，乃诠释言教，整个佛经便是。黄念祖《〈心经〉略说》解释说：“般若一体而有三义：(一) 实相般若，(二) 观照般若，(三) 文字般若。(一) 实相般若是观照与文字的本体，实相不是有相，不是无相，不是非有相，不是非无相，不是也有也无相，永离一切幻妄的相。可是体性不空，遍为诸法作相，具足过恒沙等性德的妙用。六度万行都是本性所具所起。(二) 观照般若如实相之本体而起照用，照时仍是寂然不动。(三) 文字般若如实显示本体与观照。以上三者即一……学人从文字般若入手，而起照用，一旦契悟，入于实相。实相是体，文字是相，观照是用。”“般若”“实相”“真性”“中道”“毕竟空”“首楞严”等，都是同一事物的异名，所以不可执著于名相。《大智度论》说：“般若是一法，佛说种种名。随诸众生类，为之立名字。”

“波罗”翻为彼岸，“蜜多”翻为到。佛教认为，诸佛以大智慧，勇猛修行，觉悟正道，永离苦趣，证入涅槃，这是彼岸。到了彼岸，就是从生死此岸到达无生无灭、常乐我净、寂灭为乐、圆满无碍的境界。梅光羲《〈般若波罗蜜多心经〉浅释》云：“盖以众生迷而不觉，日在苦趣者谓之为此岸。诸佛依智慧以修行，觉悟正道，离脱苦趣者名为彼岸也。”清·元贤《〈般若波罗蜜多心经〉指掌》云：“‘波罗蜜多’，此云‘彼岸到’，即由此妙慧，翻生死过尽，至真空之际也。”“岸”是假名，为有生死轮回、苦海无边之立论，也就立有岸的假名了。岸也就无所谓彼此，以迷妄颠倒，假名此岸；而灵明觉照，就假名为彼岸。清·道霈《〈般若波罗蜜多心经〉请益说》云：“彼岸对此岸而言，所云到者，但照见此岸本空，此岸即是彼岸，非别有彼岸可到也。”

“般若波罗蜜多（“波罗蜜”同)”，意谓以大智慧到达彼岸。即照彻诸法实相，穷尽一切智慧，度生死此岸至于涅槃彼岸。也意译为“智度”，是大乘佛教所说的六度之一。般若波罗蜜为六波罗蜜的根本，一切善法的渊源，所以又称“诸佛之母”。这种大智慧是菩萨大智慧，声闻（闻佛之声教而悟解得道者)、缘觉（指独自悟道的圣人。他们不禀佛教，无师独悟，性乐寂静，不事说法）虽有所得，但是他们唯求速达涅槃，不穷究智慧的边际，所以不能得般若波罗蜜；只有菩萨求一切智，并以之达到彼岸，方称具足般若波罗蜜。佛教认为，以般若波罗蜜观一切法无生无灭，是名涅槃彼岸；若聪明有我，是一切法有生有灭，犹是生死的此岸。

“心”，梵文原义是具有心、精神、心脏等义的中性名词。《心经》的“心”，是它的引申义，意谓精髓、纲要、核心。清·元贤《〈般若波罗蜜多心经〉指掌》云：“‘心’是喻，喻此经乃大部六百卷之精要，如人之一身，虽有五官百骸，而心为之主也。”弘一《〈般若波罗蜜多心经〉讲录》云：“佛说法四十九年，说般若者二十二年。而所说《大般若经》六百卷，亦为藏经中最大之部。《心经》虽二百余字，能包六百卷大般若义，毫无遗漏，故曰心也。”因为《心经》是将内容庞大的般若经浓缩，举出五蕴、三科（指五蕴、十二处、十八界三类）、四谛、十二因缘等法，以总述诸法皆空的义理，成为表现般若精神的简洁经典。同时，般若被称为诸佛之母，本经是大般若经的心要，所以称之为“心经”。禅宗初祖达摩道：“我只求心不求佛。”又《净土经》云：“是心是佛，是心作佛。”佛教认为，三界唯心，即心即佛，佛不外求。求心即是求佛。

“经”，梵语音译作“修多罗”，或译作“契经”“正经”“贯经”等，而以“经”为正译。佛家常用贯、摄、常、法四字来解释，周止庵《〈般若波罗蜜多心经〉诠注》云：“综其要归，不出贯、摄、常、法四义。”贯是全经义理串成一片而不杂乱；摄是能摄持、吸附所有的信众；常是古今不能变易；法是远近共同遵从。汉语中，“经”是对思想家典范著作的尊称，比如《十三经》《道德经》，“佛经”亦是。按照佛家的说法，般若波罗蜜多是法，心是喻，所以此经是用法、喻立名。

据周止庵《〈般若波罗蜜多心经〉诠注》载，《心经》有如下十四个版本：

《摩诃般若波罗蜜咒经》吴支谦译

《摩诃般若波罗蜜大明咒经》姚秦·鸠摩罗什译

《般若波罗蜜多心经》唐·玄奘译

《般若波罗蜜多那经》唐·菩提流志译

《般若波罗蜜多心经》唐·义净译

《摩诃般若随心经》唐·实叉难陀译

《般若波罗蜜多心经》唐·不空译

《普遍智藏般若波罗蜜多心经》唐·法月初译重译

《般若波罗蜜多心经》唐·般若共利言等译

《般若波罗蜜多心经》唐·智慧轮译

《般若波罗蜜多心经》唐·法成译

《般若波罗蜜多心经》契丹·慈贤译

《佛说圣佛母般若波罗蜜多心经》宋·施护译

《圣母智慧到彼岸经》元·达里麻剌怛那译

现在传世的只有八个译本了，八种之中，义净译本正文全钞自玄奘，只是其后添加有念诵此经的效益五十一字，故不算在内，而称七个译本：

《摩诃般若波罗蜜大明咒经》（一卷）姚秦·鸠摩罗什译；

《般若波罗蜜多心经》（一卷）唐·玄奘译；

《普遍智藏般若波罗蜜多心经》（一卷）唐·法月重译；

《般若波罗蜜多心经》（一卷）唐·般若共利言等译；

《般若波罗蜜多心经》（一卷）唐·智慧轮译；

《般若波罗蜜多心经》（一卷）唐·法成译；

《佛说圣佛母般若波罗蜜多经》（一卷）宋·施护译。

上列几种译本，理义没有很大差别，只是文字各各不同，而以唐代玄奘所译流传最广。

“三藏”，指佛教经典中的经、律、论三大组成部分。“法师”，上弘大法，下为人师者，谓之“法师”。而兼通经、律、论三藏法门，堪为人之师表者，谓为“三藏法师”。

“玄奘”，唐僧法名。俗姓陈，名祎，河南洛阳缑（gōu）氏县人。早岁随兄出家，谙熟佛法，为访名师，足迹遍及域内。贞观三年，西赴印度，往返十七年，历一百二十八国。返国后，前后共译经论七十三部，总计一千三百三十卷，朝廷赐以“三藏法师”称号，供养于大内。麟德元年二月逝世，世寿不详（各种史料相互矛盾）。他不仅是汉传佛教史上杰出的译经师，也是中国佛教唯识宗的创始人。玄奘所译《心经》，略去了序文和流通分，只保留正宗分（分fèn，段落、部分），才二百六十字。言简意赅，文辞精妙。所以千百年来，《心经》众多译本，以玄奘所译独享盛名，流传最广。现在不仅宏传于汉传及藏传佛教地区，而且翻译成了多种文字，流传到了国外许多地方。

“知仁”，玄奘译场文字记录者。生平不详。可能即是玄奘亲信弟子之一。“笔受”，即在译场听受主译的口译，而以汉文笔录下来。据《佛祖统纪·四十三》所载，宋时译经院职司凡九：译主，证义，证文，书字，笔受，缀文，参译，刊定，润文。宋制与唐规是否全同，不得而知。

佛经经印度传来，都是用梵文写就，须要经过翻译，方能在汉地流传。而最初携来佛经的胡僧不太通晓汉文，而汉地人士又不明了梵文，需要两相配合，方能成就其事。玄奘虽然汉、梵两通，但是译场仍设有助理人员多人，以供文字记录、润色等等之需。

自东晋道安以三分判释经文：首序分，次正宗分，终流通分。便为译经者所宗。所附施护译本《说圣佛母般若波罗蜜多经》，则三分俱全，而玄奘译本简择精要，略去序分与流通分。《心经》前分属显说般若，后分为密说般若。

《心经》全文，传统分为七个部分：

一、总纲分（从卷首至“度一切苦厄”）

二、色空分（从“舍利子：色不异空”至“受、想、行、识亦复如是”）

三、本体分（从“舍利子，是诸法空相”至“不增不减”）

四、妙用分（从“是故空中无色”至“以无所得故”）

五、果德分（“菩提萨埵”至“得阿耨多罗三藐三菩提”）

六、证知分（从“故知般若波罗蜜多是大神咒”至“真实不虚”）

以上部分是显说般若，以下部分则是密说般若。

七、秘密分（从“故说般若波罗蜜多咒”至结束）

一、总纲分

观自在菩萨[①]，行深般若波罗蜜多时[②]，照见五蕴皆空[③]，度一切苦厄[④]。

注释

本分摄持《心经》主要含义，即修甚深观照法门，照见诸法皆空，出生死苦海，证无上菩提。

①“观自在菩萨”，即观音菩萨（全称应为“观世自在菩萨”和“观世音菩萨”，因唐时避太宗李世民讳，略去“世”字，后代相沿）。“菩萨”，乃是音译“菩提萨埵（duǒ）”的简称。“菩提”汉译是“觉悟”，“萨埵”汉译是“众生”或“有情”。它包括自觉和觉他两层意思，就是说，菩萨既是已经“觉悟的众生”，又是以觉悟他人为己任的有情。唐·法藏《〈般若波罗蜜多心经〉略疏》云：“谓此人以智上求菩提，用悲下救众生。”除了一般菩萨外，还有像观音、地藏、文殊、普贤一类的大菩萨，中文译音是“摩诃萨”，又意译为“大士”“圣士”等名称。

菩萨慈悲（慈爱众生，给予快乐，称为“慈”；怜悯众生，拔除苦痛，称为“悲”）济世，循声救苦来说，故名观世音；又菩萨智慧广大，观照无碍，通达一切法，普度众生，圆融自在，名观自在。从悲德与智德分别立此二名，实际是同一位菩萨的异名。唐·窥基《〈般若波罗蜜多心经〉幽赞》上谓：“无幽不烛，名观自在。但言‘观音’，词义俱失。”

据《弘猛海慧经》，昔阎浮提有王名善首，有五百王子。观世音菩萨为其善光太子。周止庵《〈般若波罗蜜多心经〉诠注》谓："世间供养，多作女相者，自唐以后始然。一由误于传说，二由不明菩萨化身无量之义也。"相传菩萨本地（指菩萨的实相法身，现观世音菩萨相乃其化身，而称能现之本身为"本地"）早已成佛，名叫正法明如来（"如来"为佛的又一称呼），为了方便利济众生，才以菩萨之身出现。

观自在的"观"，并非眼观。清·道霈《〈般若波罗蜜多心经〉请益说》云："'观'，谓能观之智，即经中'照'字。"周止庵《〈般若波罗蜜多心经〉诠注》云："以般若妙智，观照世间一切缘起实相，破除人、法二执，观空不著空，观有不著有，根尘俱消，空有无碍，观听圆明，得大自在。"这种境界，乃非常人所能及。

②"行甚深般若波罗蜜多时"，"行"即修行。"深"是对浅而言，弘一《〈般若波罗蜜多心经〉讲录》谓："浅般若乃人空般若，而深般若乃法空般若。人我执，无处所显真如，名人空。法我执，无处所显真如，名法空。"周止庵《〈般若波罗蜜多心经〉诠注》云："深，邃也，难见义。诸法空相，难可思议，名为甚深般若波罗蜜多。"黄念祖《〈心经〉略说》立："唯有大乘行人才能信受奉行，所以称为深般若波罗蜜。"《大般若经·五百十》曰："甚深般若波罗蜜多，是诸佛母，能示世间诸法实相。"佛教认为：凡夫无明（"烦恼"的别名。即暗昧事物，不通达真理与不理解事相。为十二因缘之一）障覆，般若不开；声闻、缘觉不明法空，见理不彻。他们的观力微薄，所得也仅有浅智，不能叫深般若。惟有像观自在这样的大菩萨，才能以甚深智慧觉照，证入自在无碍的境界。

"时"，周止庵《〈般若波罗蜜多心经〉诠注》："此所云'时'，即"三摩耶"（梵文译音），谓菩萨行深般若波罗蜜多，证入真空之一刹那时也。”

③“照见五蕴皆空”，观照了知五蕴自性本空。本空而幻有，“空”乃实相。杨文会《〈心经浅释〉题辞》云：“五蕴本空，非照之使空，乃照见其本空也。”《事观解》云：“‘照见’者，观照般若也。”是说以究竟圆满的智慧，照见诸法的实相。

“五蕴”，蕴，就是积聚、类别之意。唐·窥基《〈般若波罗蜜多心经〉幽赞》下：“积聚名‘蕴’。此五，谓色、受、想、行、识。”它是一切有为法（又叫“有为”，谓作为、造作之意。泛指由因缘和合所造成的现象，也特指人的一切造作行为。相对有为法，永远不变而绝对存在者，则称为无为法）的五种类别。“色”，指有形有色有质的存在，亦即物质形象（包括人的身体）。凡是眼之所见，耳之所闻，鼻之所嗅，舌之所尝，身之所觉，以及意之所思想者，都属色蕴范畴。“受”即感受，“想”即想象，“行”即造作，“识”即了别，受、想、行、识这四者都是心理活动，是精神现象。弘一《〈般若波罗蜜多心经〉讲录》云：“此五蕴，即佛教用以总括世间万法者。故仅研究五蕴，与研究一切万法无异……乃将一切精神物质之法归纳于此五类中也。”

五蕴是缘起法，此有故彼有，此无故彼无；此生故彼生，此灭故彼灭。梅光羲《〈般若波罗蜜多心经〉浅释》云：“凡此五蕴，一切皆空。凡夫不明般若道理，妄想执著，以为实有。菩萨以深般若照之，见其当体全空也。”周止庵《〈般若波罗蜜多心经〉诠注》云：“菩萨以般若妙智观此五蕴，色从四大假合而有，受、想、行、识由妄想境界而生。四大、妄想本无自性，当体即空，故曰皆空。非谓寂然灭无为空，亦非有法能令彼空，以彼本自空故。……夫真空、幻有，体非有二。以妄心分别，则见五蕴而遗真空；以般若观照，则显真空而亡五蕴。”

“空”，指世间的万事万物，都无自性，都无实体，都是由因缘而生，所以叫性空。空是自性空，是本来空。它是与万有相和合，而不是相对待。不是“无（没有）”，不是消失，是有而空。色之空为真空，空之色为妙有。真空不空，妙有非有。色是四大（地、水、火、风谓之“四大”，地指物体，水为湿度，火为温度，风指动性）组合的现象，都是因缘所生，由各种条件和合而有，也就是幻有。故《金刚经》说：“如来说第一波罗蜜，即非第一波罗蜜，是名第一波罗蜜。”“即非”为真空，“是名”为幻有。科学家爱因斯坦说到：“物质是由于人类的错觉。”又说：“宇宙中的存在只有场。”与佛教色空说颇相类似。

菩萨以甚深般若观照时，证知五蕴身心等一切诸相，无不在运动变化，缘聚则生，缘散则灭，幻生幻灭，其性本空。所以，《金刚经》说：“一切有为法，如梦幻泡影，如露亦如电，应作如是观。”《金刚经》又说：“凡所有相皆是虚妄，若见诸相非相，即见如来。”“若见诸相非相”即是“照见五蕴皆空”。如果照见五蕴皆空，那么自性实相（如来），就显现在前了。

④“度一切苦厄”，唐·窥基《〈般若波罗蜜多心经〉幽赞》下云：“‘度’者，越也，脱也。”“苦厄”，苦难，灾厄。般若未开，苦厄不除。只有依仗甚深般若，照见五蕴本空，才得以使心身解脱自在。凡夫不懂得苦厄的根源，不知道五蕴的实质，更不知道慧照的妙用，所以长劫沉沦在烦恼此岸。若能照见事事物物一切诸法自性本空，就能破除我、法两种执著，不被种种粗细烦恼所缠缚，出离世间、出世间的一切苦厄。唐·窥基《〈般若波罗蜜多心经〉幽赞》下云：“既照性空，离诸分别。如蛾出茧，永离缠裹。便度苦厄，疾证涅槃。”清·道霈《〈般若波罗蜜多心经〉请益说》云：“‘度一切苦厄’者，谓未见蕴空时，认蕴为实，起惑造业，苦报牵连，相续不绝；一见蕴空，人、法俱丧，无造业者，无受报者，一切苦厄，如汤消冰，故云度也。”万事

解脱，才能名“一切”。不至究竟的地步，则不得谓为“一切”。

译文

观世音菩萨，修行深般若波罗蜜多佛法时，照见了五蕴的自性皆空，出离一切苦痛和厄难，获得到了大自在。

二、色空分

舍利子①：色不异空，空不异色；色即是空，空即是色②。受、想、行、识亦复如是③。

注释

本分说明五蕴诸法与真如空性无二无别。

根据其他古代译本，以下的话是观世音菩萨对舍利子所说；后文又还有佛陀赞叹观世音的话为证。近代中、日有些学者，根据《大般若经·学观品》，佛陀所说有与本经几乎全同的文句，就认定《心经》也是释迦牟尼说的，《心经》的首尾乃是后人所增添。这一观点很站不住脚。在佛教中，妄意编造经文，不为戒律所容许。

①“舍利子”，即舍利弗。佛陀十大弟子之一，以智慧第一著称。唐·法藏《〈般若波罗蜜多心经〉略疏》注：“舍利是鸟名，此翻为鹙鹭鸟。以其人母聪悟迅疾如彼鸟眼，因立其名。是彼之子，连母为号故曰舍利子。是则母因鸟名，子连母号。聪慧第一，标为上首，故对之释疑也。”鹙鹭鸟，一说百舌鸟。其母名舍利，从母得名，故名舍利子。

②“色不异空”四句，说明对立统一的规律，在佛教哲理上的反映。“不异”，无差别、无二相。“即是”，就是。“色”，乃有质有形的万物（包括人之身体），皆为因缘所生，非本来实有。

“空”，凡因缘所生之法，究竟无实体。色，是现象，是假有；空，是本体，是自性。色即“四大”之幻色，空乃般若之真空。本空而幻有，不能执著为实。

“色不异空，空不异色”，是指“色”和“空”没有不同，所强调的是“色”自性本来为“空”。“色即是空，空即是色”，是指“色”和“空”两者相即不离，一体而无二。不是没有“色”之后，方能见到“空”；也不是没有“空”，“色”才得显现。而是色不离空，空也不离色，“色”存而“空”有，“色”灭则“空”亡。清·元贤《〈般若波罗蜜多心经〉指掌》云：“盖‘空’之与‘色’，本是一体。‘色’乃空之色，未尝不空，故不异空；‘空’乃色之空，未尝不色，故不异色。岂可于色外取空，灭色见空哉!”清·道霈《〈般若波罗蜜多心经〉请益说》云：“所云‘照见五蕴皆空’者，须知蕴之与空，原非二物。且举色而言之，‘色’者，即真空中幻出，何异于空?‘空’者，即幻色之空，何异于色?然云不异，犹似两物相比；而云不异，恐迷者依然看作两橛，故又反复申明云：幻色，举体‘即是’真空；真空，举体‘即是’幻色。如波即水，金即器，原非两物，衹是一法也。”弘一《〈般若波罗蜜多心经〉讲录》云：“空依色，色依空，非空外色，非色外空，乃是一事。”色体即空，离色无别空；空体即色，离空无别色。色空本体，是一非二。无论是执著于“有”，还是执著于“空”，都不正确，都非佛教思想。据《心经》所说，乃是大菩萨行深般若波罗蜜多时，所彻证的、超逻辑的“性色真空，性空真色”（《楞严经》)、性相圆融的圆觉境界。

③“受、想、行、识，亦复如是”，“是”，此、这。指示代词，指代“色”。“受、想、行、识，亦复如是”，如同说：“受不异空，空不异受。受即是空，空即是受……”如此等等。“受、

想、行、识”四者属于心法，包括在“心”的里面，不但真空自性与物质不二，而且与种种心念也不二。即是说，“心”“空”无异，“心”与“空”相即，不可分离。所以说，“受、想、行、识亦复如是”。即有形之相与无形之相，都与自性无二无别。这就说明了色空不二，缘起性空，性空缘起的道理，是宇宙间万事万物的真理和实相。

译文

观世音菩萨对夙称“智慧第一”的佛陀弟子舍利弗说：

“舍利子啊，万事万物外在的色相，与其实相的真空，二者不可分离：色同空没有区分，空与色也没有不同；色就是空，空就是色。其他四蕴受、想、行、识同空的关系，也与色同空的关系一样，都同样不可分离。

三、本体分

“舍利子，是诸法空相[①]，不生不灭，不垢不净，不增不减[②]。

注释

本分说明本来之体性，实无生灭、垢净、增减等相，无相之相乃是其本来面目。

①“是诸法空相”，“是”，此。“诸法”，指以上色法、心法诸蕴等而言；也即是包括世间的一切事物。“空相”，诸法皆空之相状，也就是实相。《智度论》六曰：“因缘生法，是名‘空相’，亦名‘假名’，亦说‘中道’。”因缘生法，无有自性，就是空之相状。佛典中，“性”“相”二字常为同义字，故亦可作“空性”。清·道霈《〈般若波罗蜜多心经〉请益说》云：“空而

言相者，乃无相之相，是诸法实相也。”故“空相”“实相”的“相”字，都不可执实解释。

②“不生不灭、不垢不净、不增不减”，唐·窥基《〈般若波罗蜜多心经〉幽赞》下云：“本无今有，名‘生’；暂有还无，名‘灭’。障染名‘垢’；翻此（相反）名‘净’。相广名‘增’，翻此名‘减’。”五蕴不空，才有生有灭，有垢有净，有增有减。既说五蕴实相本空，就没有生灭等等存在了。所谓“生灭”等说，都是众生的妄识计度。清·元贤《〈般若波罗蜜多心经〉指掌》云：“盖有法，则有生灭、有垢净、有增减。今法既亡，惟一真空，岂复有生灭等之可言哉！”清·道霈《〈般若波罗蜜多心经〉请益说》云：“‘生灭’等三对，意谓五蕴空相，本无有‘生’，云何有‘灭’。本来不‘垢’，云何有‘净’。本不曾‘增’，云何有‘减’。不变不易，性相常然。众生见诸法缘会而生，缘散而灭，迷之则垢，悟之则净，在凡则增（谓五蕴炽盛），在圣则减者（谓五蕴空），乃翳眼见空花；而诸法空相中本来无有，故皆以‘不’字不之。”

佛教认为，众生与佛无二。当众生没有觉悟的时候，佛性（真如）仍然存在，并没有消亡，或减少，或污染。当众生觉悟成佛的时候，佛性就是原有，并不是新生，或清净，或增加。

译文

“舍利子，五蕴诸法的真空永远不会变异：不能萌生，也不能消亡；不能玷污，也不能清净；不能增多，也不能减少。

四、妙用分

“是故空中无色，无受、想、行、识[①]；无眼、耳、鼻、舌、身、意；无色、声、香、味、触、法[②]；无眼界，乃至无意识界[③]；无无明，亦无无明尽，乃至无老死，亦无老死尽[④]；无苦、集、灭、道[⑤]；无智亦无得，[⑥]以无所得故。

注释

本分由体起用，空一切相，破除一切执著。

①“是故空中无色，无受、想、行、识”，“是故”，承上文。由于上文所说的因由，所以空中空去了五蕴，或是空中本无有五蕴。空相当中既然空掉或本无五蕴，诸佛如来就不会执著于色、受、想、行、识。

②“无眼、耳、鼻、舌、身、意；无色、声、香、味、触、法”，唐·窥基《〈般若波罗蜜多心经〉幽赞》下云：“此说空中无十二处。”“十二处”，又作“十二入”。梅光羲《〈般若波罗蜜多心经〉浅释》云：“亦即是五蕴也，惟就众生根器改换言之耳。”计分为十二种，乃眼、耳、鼻、舌、身、意，及色、声、香、味、触、法。前六处为六根，系属主观的感觉器官，为心、心所（与心相应而同时存在，为种种复杂的精神作用，如贪嗔等等）之所依，有“六内处”之称；后六处为六境，属客观的觉知对象，为心、心所之所缘，称“六外处”。此十二处摄尽一切法。六根被佛家视之为贼，所谓“六贼为媒，自劫家宝”。因为六根对六境生起种种烦恼，真如佛性就被俗尘淹没，如同贼人将你本有的真如佛性盗走了一般。

③“无眼界，乃至无意识界”，唐·窥基《〈般若波罗蜜多心经〉幽赞》下云：“此说空中无十八界。”十八界，指人的一身中，能依之识、所依之根与所缘之境等十八种类。“界”为种类、种族之意。即眼界、耳界、鼻界、舌界、身界、意界六根界（能发生认识的功能），色界、声界、香界、味界、触界、法界六尘界（为认识的客观对象），和眼识界，耳识界、鼻识界、舌识界、

身识界、意识界六识界（六根缘六境所生之眼、耳、鼻、舌、身、意等六识）。“识”是了知、分辨之意，即通过六根，与六尘接触，而能分辨各类色、声、香、味、触、法。六根对于六尘，有觉而不能分别；只有同六识结合，方有分别的作用。十八界中，除去六识，则为十二处，而六识实际亦由十二处之意处所展开。所以说，十八界或十二处摄尽一切法。“乃至”二字，省去了由眼界至识界中间十六界。

上面所说的五蕴、十二入、十八界，都是就妄念所现的妄境方便说法，性常自空，所以假设立此种种名字。实则一切都是妄念所现，一切皆如梦幻，如空花。“无”即是空。周止庵《〈般若波罗蜜多心经〉诠注》云：“真空实相，本离一切凡圣等法，故无蕴、处、界相可得。”清·元贤《〈般若波罗蜜多心经〉指掌》云：“真空相现，万法俱泯，故皆无之。非是坏法，性本无故。”清·道霈《〈般若波罗蜜多心经〉请益说》云：“上云诸法空相无生灭垢净等，以是之故，空中本无色受想等，无五蕴也。无眼耳等，无六根也。无色声等，无六尘也。根尘合为十二处。无眼界乃至无意识界，无十八界也。此首举眼根界，而末举意识界，‘乃至’二字，含摄中间十六界，乃文之巧也。”

④“无无明，亦无无明尽，乃至无老死，亦无老死尽”，清·元贤《〈般若波罗蜜多心经〉指掌》云：“此明真空中无十二因缘也。”十二因缘指十二种因缘生起，为根本佛教的基本教义。十二因缘起于无明，终于老死，即无明缘行，行缘识，识缘名色，名色缘六入，六入缘触，触缘受，受缘爱，爱缘取，取缘有，有缘生，生缘老死忧悲苦恼。梅光羲《〈般若波罗蜜多心经〉浅释》说解云：“一曰无明者，谓违背道理，妄有执著也。二曰行者，谓因有妄执，造作诸业也。此二支乃过去世所作之因也。三曰识者，谓因既有前之二支，逐有托胎之识，盖过去世中幻形

方谢，神识即驰，复托母胎也。四曰名色者，从托胎后复具受想行识等名及形质之色也。五曰六入者，既有名色，胎中逐具六根，逐有入尘之用也。六曰触者，既有六入，出胎便与六尘相接触也。七曰受者，既有接触，便有苦乐等之领受也。此五支乃现在所受之果也。八曰爱者，心既领受，便贪爱种种美妙事物也。九曰取者，谓对于所爱之境贪求不息而生取著心也。十曰有者，谓因有爱有取，逐造种种之因，将来必有种种之报，故曰有也。此三支乃现在所作之因也。十一曰生者，既造种种之因，则来生复于四生六道之中受生也。十二曰老死等者，谓既已有生，则自必有老死等事，具足忧悲苦恼矣。此二支乃来世当受之果也。”这便是佛教认识的一切有情三世轮回的因缘。以上十二法辗转感果，互相由借，所以名为十二因缘。十二因缘起于无明，终于老死，在此链条中，无论何处，只需一处灭则一切皆灭。无明为十二因缘之首，是一切烦恼的根本。如果无明灭了，十二因缘也就不会存在。

所谓“因缘”者，因，指引生结果的直接内在原因；缘，指由外来相助的间接原因。内因外缘、亲因疏缘。周止庵《〈般若波罗蜜多心经〉诠注》云：“什法师云：‘力强为因，力弱为缘。’肇法师云：‘前缘相生谓之因，现相助成谓之缘。’生法师云：‘先无其事而从彼生为因，素有其分而从彼起为缘。’故因亲而缘疏。例如艺谷，种子为因，雨露与农夫之耕种为缘。因缘和合，斯（则）生米谷。故一切法从因缘生，各由自缘，和合无阙，相续而起，故亦名缘起。从因而生，托众缘转，本无而有，有已散灭，能润所润，堕相续法，故亦名缘生。”

唐·窥基《〈般若波罗蜜多心经〉幽赞》下云：“无明乃至老死，唯有假名，自性空故，今说为‘无’。‘尽’者，空也。空亦空，故说无无明尽乃至无老死尽。十二缘起，有、空俱无。”

又："为求独觉者（即辟支佛。指独自修行，自己觉悟而离生死者）说应十二缘起法。"周止庵《《〈般若波罗蜜多心经〉诠注》》云："'无无明'第一'无'字，即空义。'无明'为一名词。'无明'至'老死'，凡十二法。'乃至'者，省文，举始末以赅（总括）余名。若具说应作无无明、亦无无明尽，无行、亦无行尽，无识、亦无识尽，无名色、亦无名色尽，无六处、亦无六处尽，无触、亦无触尽，无受、亦无受尽，无爱、亦无爱尽，无取、亦无取尽，无有、亦无有尽，无生、亦无生尽，无老死、亦无老死尽。"

经说"无无明"，"无老死"，就是说"无明尽"，"老死尽"，即没有无明，没有烦恼，脱出了生死轮回的境界。这是小乘行人欲达的目的。同时经还说"亦无无明尽"，"亦无老死尽"，举体全空，一无所有，比前者更上一层楼，这才是大乘菩萨的修行，才是成佛的一种境界。

⑤"无苦、集、灭、道"，清·元贤《〈般若波罗蜜多心经〉指掌》云："此明真空之中无四谛也。"唐·窥基《〈般若波罗蜜多心经〉幽赞》下云："为求声闻者（听闻佛陀声教而证悟的出家弟子）说应四谛法。"又："四谛唯有假名，自性空故。"苦、集、灭、道，为佛教四谛。缔是"真实"之意，谓此四者皆真实不虚，正解无误。

苦谛，揭示人生存在的本质为苦，主要有八。《涅槃经》十二曰："八相为苦，所谓生苦，老苦，病苦，死苦，爱别离苦，怨憎会苦，求不得苦，五阴（五蕴）盛苦。"集谛，又称"习谛"，招集三界生死苦果的恶因，即人生中所造的种种身、口、意业，乃是人世痛苦的根源。灭谛，断除人世的欲爱，苦方能灭。道谛，若依八正道（正见，正思维，正语，正业，正命，正精进，正念，正定）修行，则可超脱苦、集二谛，达到寂静涅槃境地。八正道包含了知苦、断集、证灭、修道的全过程，是唯一可以超脱世间因果而出世间的途径。声闻乘的修行人，欣羡烦恼灭尽之乐，修观四谛，以求了断一切苦因。而大乘菩萨则照见此境当体全空，故皆云无。

⑥“无智亦无得”，“智”指能观之智慧，“得”即所证之真理。梅光羲《〈般若波罗蜜多心经〉浅释》云：“‘智’者即能观能照之智，‘得’者即所观所照之理也。非但无前诸法，即此能观能照之智，亦复全空；非但能观能照之智全空，即此所观所照之理亦不可得，故云无智亦无得也。”唐·窥基《〈般若波罗蜜多心经〉幽赞》下云：“为求菩萨者说应六波罗蜜多法。”又：“若法非空，初有所行，后可有得。法既非有，初无所行，后何有得?”

菩萨以般若观照，一切皆空。在真空实相中，不但凡夫所执著的五蕴、十二入、十八界都不可得，就是独觉所观的十二因缘法、声闻所观的四谛法，也都不可得；乃至菩萨六度万行，其能证的智慧与所得的理体，亦皆说无，即皆不可执著，都归于空。也就是前人所说，“穷空到底”。若执著有智有得，仍然不离法执、法见，仍有挂碍，而非究竟。所以《金刚经》说：“过去心不可得，现在心不可得，未来心不可得。”又说：“应无所住而生其心。”即不应执著一切法，而生清净心。总之，自凡夫以至菩萨，自五蕴以及智与得，都不可取着，因诸法本空，一无所得故。这正说明，《心经》是大乘法门，不仅破凡夫我执之病，并破二乘法执之病，乃至无智亦无得。若修行到此一境界，寂照现前，了知本无生死可断，亦无涅槃可证，我、法二空，一切无着，便证入大自在之境了。人法皆空，境智俱泯，如同病去药忘。

弘一《〈般若波罗蜜多心经〉讲录》云：“以上经文中，

‘无’字甚多，亦应与前‘空’字解释相同。乃‘即有’之无，非寻常‘有无’之无也。”清·元贤《〈般若波罗蜜多心经〉指掌》云：“问：前色、空双立，今何一切皆无？答：前之所立，立而未尝不尽；今之所无，无而未尝不存。盖言有者，但有其相，而性元无也；言无者，但性本无，而相非坏也。故存而正泯，亡而恒立，般若之旨本如是也。”若是将“无”解释为“有无”之无（没有），则是否定因果相续，即是落入佛教所谓“断灭见”了。只有理解为“真空妙有”，复不着二边，方是中道，圆融无碍。

译文

“所以，在自性真空中，色与受、想、行、识五蕴不可得。眼、耳、鼻、舌、身、意，和色、声、看、味、触、法的十二入也不可得。前后相续、周流不息的十二因缘：无明、行、识、名色、六入、触、受、爱、取、有、生、老死，都不可得。一切苦厄烦恼的根本十八界：眼界、耳界、鼻界、舌界、身界、意界；色界、声界、香界、味界、触界、法界；眼识界、耳识界、鼻识界、舌识界、身识界、意识界，通通不可得。苦、集、灭、道四圣谛的真理也不可得。既没有什么般若智慧，也没有凭此智慧得到、证到的什么，一无所得，当体即空。

五、果德分

菩提萨埵[①]，依般若波罗蜜多故，心无罣碍[②]，无罣碍故，无有恐怖，远离颠倒梦想[③]，究竟涅槃[④]。三世诸佛[⑤]依般若波罗蜜多故，得阿耨多罗三藐三菩提[⑥]。

注释

本分证果。

①“菩提萨埵”，即菩萨，大乘佛法修习者。菩提萨埵为其具译，菩萨为其略名。

②“罣（guà）碍”，绊挂和障碍。唐·窥基《〈般若波罗蜜多心经〉幽赞》下云：“‘罣’者障，‘碍’者拘。”

③“远离颠倒梦想”，万事万物，本皆幻有，而人们视为真实不虚，即是颠倒梦想。“远离”，即谓如实知见事物的空象。

④“究竟涅槃”，指大灭度、大圆寂，为佛完全解脱的境地。“究竟”，最终的意思。清·道霈《〈般若波罗蜜多心经〉请益说》：“‘涅槃’，此翻圆寂。谓德无不备，障无不尽，乃诸佛之断果也。”梅光羲《〈般若波罗蜜多心经〉浅释》》云：“妄想都尽，一念不生，是名究竟涅槃矣。”

⑤“三世诸佛”，　“三世”，过去世、现在世、未来世。“佛”，即觉者。唐·窥基《〈般若波罗蜜多心经〉幽赞》下云：“梵言‘佛陀’，此略云‘佛’，有慧之主，唐言‘觉者’。”《大毗婆沙论》一百四十三卷云：“问：若如是者，三乘无学，皆是具知，何故世尊独名为佛？答：能初觉故，能遍觉故，能别觉故，说名为佛。”

⑥“得阿耨多罗三藐三菩提”，“阿耨多罗三藐三菩提”，梵文译音，意即无上正等正觉。唐·窥基《〈般若波罗蜜多心经〉幽赞》下云：“‘阿’云无，‘耨多罗’云上，三云‘正’，‘藐’云等，‘三’又云正，‘菩提’云觉。”这是诸佛所证的菩提智德，所以不但是般若菩萨，也是十方诸佛共由之路。清·元贤《〈般若波罗蜜多心经〉指掌》云：“问：前既言无所得，今又言有所得，何也？答：此有所得，正得无所得而已，非别有所得也。”

挂碍为因，恐怖为果；颠倒为因，梦想为果。菩萨依靠般若觉照，对境无心，妄念不起，诸法空净，心无挂碍，远离颠倒，惑业究竟净尽，功德究竟圆满，即为究竟涅槃。不但菩萨，佛亦依于般若，而得阿耨多罗三藐三菩提，即得无上正等正觉。因此，依般若波罗蜜多，是十方诸佛共由之路。

译文

“菩萨正是依止般若波罗蜜多，所以心中无所挂碍，没有恐怖，远远离开了那些颠倒事相的妄念，到达了完全彻底的涅槃境地。过去、现在、未来的佛陀，也是依止般若波罗蜜多的原故，才得以成就阿耨多罗三藐三菩提。

六、证知分

“故知般若波罗蜜多是大神咒，是大明咒，是无上咒，是无等等咒①，能除一切苦，真实不虚②。

注释

本分说明由证果而明白了知。

①“大神咒”，具有大神力的陀罗尼（密咒）。亦即闻听此教法而受持不忘，即可得其神力。“大明咒”，具有放大光明、破除众生昏昧的陀罗尼（密咒）。“无上咒”，是谓最顶端的陀罗尼（密咒），没有再超过的了。“无等等咒”，即超绝一切、不能方类的陀罗尼（密咒）。唐·窥基《〈般若波罗蜜多心经〉幽赞》下云：“妙用无方曰‘神’。无幽不烛曰‘明’。最胜第一名‘无上’。无类可类名‘无等等’。”又云：“前说法、义二持，虽劝信学。欲令神用速备，更说咒持。”清·元贤《〈般若波罗蜜多心经〉指掌》云：“能破魔障，名‘大神咒’。能破痴暗，名‘大

明咒’。能显至理，名‘无上咒’。能齐极果，名‘无等等咒’。佛不与众生等故，称‘无等’。然能与诸佛等故，重言‘等’也。”

②“能除一切苦，真实不虚”，是说以智慧觉照，能转化、灭除一切惑、业、苦果。般若智慧，真实不虚。本处与前文“度一切苦厄”前后呼应。清·元贤《〈般若波罗蜜多心经〉指掌》云：“今将说密咒而先叹其功能者，所以劝进行人，使其乐持，以取速效耳。”

译文

因此知道般若波罗蜜多，是有神力广大的咒子，是光明普照的咒子，是无与伦比的咒子，是不可方类的咒子，它能排除世间一切的苦难，真实而不虚妄。

七、秘密分

“故说般若波罗蜜多咒[①]，即说咒曰：揭谛揭谛，波罗揭谛，波罗僧揭谛，菩提萨婆诃[②]。”

注释

本分是以密咒表不思议心地。

①“般若波罗蜜多咒”，即通过此陀罗尼（密咒），即可达至涅槃彼岸。

②“揭谛揭谛，波罗揭谛，波罗僧揭谛，菩提萨婆诃”，以上是显说般若，这是密说般若，以总结全文。此四句咒语，以梵文出现，不曾翻译。佛教以为，咒语是佛菩萨的真言，具有神秘的力量。其意谓：度过去啊，度过去啊！向着彼岸度过去啊！大家度过彼岸去啊！速速证到菩提啊！

译文

菩萨当即说咒道："揭谛，揭谛，波罗揭谛，波罗僧揭谛，菩提萨婆诃！"意思是谓：度过去啊，度过去啊！向着彼岸度过去啊！大家度过彼岸去啊！速速证到菩提啊！

附：佛说圣佛母般若波罗蜜多经

西天译经三藏朝奉大夫试光禄卿传法大师，赐紫臣施护奉诏译

如是我闻。

一时，世尊在王舍城鹫峰山中，与大苾刍众千二百五十人俱，并诸菩萨摩诃萨众而共围绕。

尔时，世尊即入甚深光明宣说正法三摩地。时，观自在菩萨摩诃萨在佛会中，而此菩萨摩诃萨已能修行甚深般若波罗蜜多，观见五蕴自性皆空。

尔时，尊者舍利子承佛威神，前白观自在菩萨摩诃萨言："若善男子、善女人，于此甚深般若波罗蜜多法门，乐欲修学者，当云何学?"

时观自在菩萨摩诃萨告尊者舍利子言："汝今谛听，为汝宣说。若善男子、善女人，乐欲修学此甚深般若波罗蜜多法门者，当观五蕴自性皆空。何名五蕴自性空耶? 所谓即色是空，即空是色；色无异于空，空无异于色。受、想、行、识，亦复如是。

"舍利子，此一切法如是空相，无所生、无所灭，无垢染、无清净，无增长、无损减。舍利子，是故空中无色，无受、想、行、识；无眼、耳、鼻、舌、身、意；无色、声、香、味、触、法；无眼界、无眼识界，乃至无意界、无意识界；无无明、无无明尽，乃至无老死、亦无老死尽；无苦、集、灭、道；无智，无所得，亦无无得。

"舍利子，由是无得故，菩萨摩诃萨依般若波罗蜜多相应行故，心无所著，亦无罣碍；以无着无碍故，无有恐怖，远离一切

颠倒妄想，究竟圆寂。所有三世诸佛依此般若波罗蜜多故，得阿耨多罗三藐三菩提。

“是故，应知般若波罗蜜多是广大明、是无上明、是无等等明，而能息除一切苦恼，是即真实无虚妄法，诸修学者当如是学。我今宣说般若波罗蜜多大明曰：

“怛祂他。唵誐帝誐帝播啰誐帝。播啰僧誐帝。冒提莎贺。

“舍利子，诸菩萨摩诃萨，若能诵是般若波罗蜜多明句，是即修学甚深般若波罗蜜多。”

尔时，世尊从三摩地安详而起，赞观自在菩萨摩诃萨言：“善哉，善哉。善男子，如汝所说，如是，如是。般若波罗蜜多当如是学，是即真实最上究竟，一切如来亦皆随喜。”

佛说此经已，观自在菩萨摩诃萨并诸苾刍，乃至世间天、人、阿修罗、干闼婆等一切大众，闻佛所说，皆大欢喜，信受奉行。